O BRASIL NO MUNDO

Uma análise política do autoritarismo desde as suas origens

BRASIL OS ANOS DE AUTORITARISMO

análise · balanço · perspectivas

Consultores: EDSON DE OLIVEIRA NUNES, *cientista social (Iuperj)*
LINCOLN PENNA, *professor de história (UFRJ)*
MATINAS SUZUKI, *jornalista (Folha de S. Paulo)*

Coordenadora editorial: ANA CRISTINA ZAHAR

Os Despossuídos: Crescimento e Pobreza no País do Milagre, *Sérgio Abranches*
Televisão & Vídeo, *Fernando Barbosa Lima, Gabriel Priolli e Arlindo Machado*
A Militarização da Sociedade, *Clóvis Brigagão*
A Igreja e o Autoritarismo, *Marcos de Castro* (Prefácio de Frei Betto)
A Desordem Jurídica, *Marcelo Cerqueira e Roberto Amaral*
As Artes Plásticas, *Wilson Coutinho*
O Golpe na Educação, *Luiz Antônio Cunha e Moacyr de Góes*
Nova República?, *Florestan Fernandes*
O Brasil no Mundo, *Paulo Francis*
A Imprensa nos Anos de Autoritarismo, *Jânio de Freitas (organizador)*
A Política Científica e Tecnológica, *E. A. Guimarães, F. Erber e J. Tavares*
Sociedade e Política, *Helio Jaguaribe*
O Teatro sob Pressão: Uma Frente de Resistência, *Yan Michalski*
A Reconquista da Terra, *Carlos Minc*
Justiça e Autoritarismo, *F. A. de Miranda Rosa*
A Ciência na Universidade Brasileira, *Cláudio Moura Castro*
A Política Nuclear e o Caminho das Armas Atômicas, *Luiz Pinguelli Rosa*
Economia: Milagre e Anti-Milagre, *Ignacio Rangel*
20 Anos de BNH, *Jó Rezende, João Ricardo Serran e Fernando Burmeister*
Burguesia Nacional e Capital Estrangeiro, *Karlos Rischbieter (org.)*
O Humor, *Cora Rônai entrevista Millor Fernandes*
O Esporte & O Carnaval, *João Saldanha e Roberto Moura*
A Questão Urbana, *Benício Schmidt e Ricardo Farret*
A Manipulação de Dados, *Antonio Maria da Silveira*
A Distribuição de Renda, *Paul Singer*
Literatura e Vida Literária, *Flora Sussekind*
A Música, *Matinas Suzuki (organizador)*
O Grande Salto para o Caos, *Maria da Conceição Tavares e J. Carlos de Assis*
A Deformação da História em um Regime Autoritário, *J. L. Werneck da Silva*
O Cinema, *Ismail Xaviel, Jean-Claude Bernadet e Miguel Pereira*

Paulo Francis

O Brasil no Mundo

Uma análise política do autoritarismo desde as suas origens

Jorge Zahar Editor
Rio de Janeiro

1985
Direitos para esta edição contratados com
Jorge Zahar Editor Ltda.
rua México 31 sobreloja
20031 Rio de Janeiro, RJ

Ficha técnica
Revisão: Sheila Bastos (copy); Lúcia Mousinho, Robson Ramos, Renato Carvalho (tip.); *Projeto Gráfico:* Ana Cristina Zahar; *Arte-final:* T. Fernandes (capa); José Geraldo de O. Lacerda (texto); *Impressão:* Ionelli Indústrias Gráficas Ltda.

CIP-Brasil. Catalogação-na-fonte
Sindicato Nacional dos Editores de Livros, RJ

Francis, Paulo, 1930-
F892b O Brasil no mundo : uma análise política do autoritarismo desde as suas origens / Paulo Francis. – Rio de Janeiro : Jorge Zahar Ed., 1985.
(Brasil: os anos de autoritarismo)
1. Brasil – História – Revolução de 1964
2. Brasil – Política e governo, 1964-1985 I. Título II. Série

85-0549 CDD – 320.98108

ISBN: 85-85061-06-5

Sumário

Na Véspera da Anarquia

Terminei de escrever este livro nos últimos dias de Tancredo. Remeti os originais ao Rio numa quinta-feira. O presidente não-empossado morreu no domingo. Analiso aqui o nível ideológico das elites dirigentes, todas autoritárias, na minha opinião, apesar da desconversa que algumas oferecem ao público em tempos de suposta democracia, como no momento.

Não me prendi ao período da coleção. Vou a D. João Charuto, ao Cabral dos tamancos, à Contra-Reforma do catolicismo, no século XVI, que é a mãe espiritual de líderes tão diferentes entre si como Garrastazu Médici e Leonel Brizola. Foi a mentalidade, a ideologia da Contra-Reforma, que criou a mística do "homem" todo-poderoso, da distância olímpica das elites do resto da sociedade. O assunto é pouquíssimo estudado entre nós. Espero que o livro não seja tedioso para o leitor e que chateie muita gente. É minha única ambição.

Pode parecer "frio" ao leitor, particularmente o jovem, que alguém termine um livro antes de saber do fim do homem que nos levaria à prometida Nova República. Bem, já votei para presidente em 1950, 1955 e 1960. As semelhanças entre as "Repúblicas" brasileiras me impressionam mais do que as diferenças. . . É verdade que se com a morte de Tancredo, ou incapacitação permanente dele, surgisse uma nova ditadura, não haveria livro ou até coleção.

Não me preocupei muito com isso, talvez porque eu more em Nova York, Noviorque, e desta vez seria mais difícil me prenderem, como foi fácil me agarrarem quatro vezes em Ipanema, entre 1968 e 1970. Posso me dar a esse "luxo" porque vivo do meu trabalho e não de trambiques e sinecuras do Estado, como tantos de meus inimigos e amigos, que aceitam "servir" a governos, qualquer um que os queira (a esquerda não-fichada pelo DOPS começou a reingressar discretamente no aparelho de poder no governo Médici. . .), que lhes garanta vida sem risco e privilegiada numa sociedade que permanece pré-científica e pré-capitalista. São todos, noto, nacionalistas.

Francamente, nunca achei também que Tancredo, morto, fosse reimposta a ditadura. Ao contrário: as oligarquias brasileiras se sentem ameaçadas por regimes de força ostensiva. Melhor jogar a culpa neles pela desesperança no país. Tancredo provou que se pode "dar a volta por cima" com civilidades e promessas, sem conceder nada a quem, de resto, nunca teve nada, mas que prefere ser bem tratado da boca para fora. É a história de todos os episódios de conciliação nacional. É a história do Brasil. Roda um ou outro líder. Alguns batalhões são enviados à retaguarda, as posições básicas não mudam.

Quero distância do Estado. É o inimigo. O único argumento que me seduz em favor da democracia é que possa garantir o indivíduo contra o Estado, seja pela justiça, imprensa, etc. Somos postulantes desse estado de bem-aventurança no Brasil. Conosco, até hoje, com períodos incompletos (1946-1964) de exceção, baixaram ordens do dia. O mal é de origem. A história prova.

O arranjo colonial da Inglaterra nos atuais EUA era essencialmente econômico. Os colonos que se virassem na selva, que se administrassem e que escravizassem e matassem índios por conta própria. Entregues a nós mesmos, decidindo o que fazer para vivermos uns com os outros, é mais fácil encontrarmos o toma-lá-dá-cá do estado de direito, pelo princípio de "temei o próximo como a vós mesmos".

O colonialismo espanhol, de que o português foi um arremedo, despachou à América Latina soldados, padres e burocratas da matriz. Não se dava um peido real sem consultar el-rey. Há aquela história fantástica e verdadeira de que Pizarro presenteou umas esmeraldas à rainha Isabela e exigiu recibo. E da próxima vez mande o número do CPF, da carteira de identidade, título de eleitor, filiação, certificado de nascimento, e não se esqueça de reconhecer tudo em cartório. Vejam em que deu os EUA. Vejam o que demos nós.

É esta consciência cultural do que somos o tema deste livro. O Estado que nos oferecem, seja o realismo capitalista de Roberto Campos ou o realismo socialista de Ferreira Gullar, tem a mesma raiz autoritária, apesar dos rótulos acrescentados ao longo da história, que sugerem ingredientes de outra cultura. O primeiro já nos foi imposto pelas Forças Armadas, em 1964, com o argumento de que são armadas e os civis são desarmados. É irrespondível. Ninguém respondeu. Os militares só saíram porque a casa estava desabando sobre eles, e preferem, como qualquer um de nós, ver pela televisão.

O realismo socialista é inédito, mas, ó, tão sonhado, tão prenunciado pelc que se vê à nossa volta, que não requer – ainda que receba – propaganda declarada. O povo feio, doente, maltratado, pré-coerente, é tanto e tão visível, que empolgou as fantasias das elites. A juventude de classe média imita o marginal, afetando uma maltrapilhice estilizada e um vocabulário telegráfico e pornográfico. O banqueiro que, num dia, ganha mais do que a população de várias cidades num ano, à noite chora as desditas e celebra os sucessos de pobretões em novelas de televisão.

Comerciantes, é certo, fazem fortunas explorando esse gosto popular pelo popularesco, mas será mesmo que o controlam, como muitos imaginam? O "mundo cão" da cultura de massa, que as elites usam para mantê-la onde está, a mim me parece também excitar os manipulados, já que se lhes oferece uma orgia de prestígio e de poder que em momento algum confere com o real esquálido e miserável. Um dia podem ir além do quebra-quebra ocasional e do pedágio cobrado pelo assaltante da esquina.

Anarquia é a questão. O Estado moderno se sofisticou muito em reprimi-la pela força, ou contê-la pela persuasão adulatória, mas há gente demais solta no mundo sem que sejam criadas uma economia e uma ordem social que possam absorvê-la.

Estou falando não só do Brasil. Escrevo em cima da morte de 38 pessoas num estádio de futebol da Bélgica. Fãs ingleses de um time atacaram fãs italianos de outro. Briga em estádio é rotina. Massacre não é.

A fúria dos ingleses bestifica os desinformados, porque inglês tem fama de "fleugmático". Poucos sabem dos desempregados no país, 13 por cento da força de trabalho, no momento, dos filhos deles, jovens, fortes e iletrados, para quem não há uma profissão à vista, planejada, porque o Estado se concentra em serviços e considera supérfluo o operário industrial. Pagam a essa gente um mínimo, com medo de anarquia maior, em nome da tradição da caridade cristã, também conhecida como "social-democrata". Há 20 milhões de pessoas nessa condição na Europa civilizada, ocidental, livre de Jaruzelskis e Gorbachevs, pelos cálculos dos economistas da OECD, economistas conservadores e cálculos também, provavelmente. A indolência, com proteínas, gera a violência. Sei disso. Já fui delinqüente juvenil.

No Brasil é diferente. Temos muito mais pessoas assim, com muito menos proteínas, e nenhuma tradição cristã ou secular de assistência social. As legiões de migrantes acampadas nas cidades médias e grandes sugerem que o "Nordeste" se mudou para cima de nós. Lampião e companheiros se reproduzem nas ruas. Baniram a classe média das calçadas. É um estímulo à indústria automobilística, se o carro estiver no seguro. A maioria dessa gente não canta, ao contrário dos baianos na televisão. Dá dó, que diminui em proporção à proximidade, aos apelos que nos fazem e que podem ser outra coisa, à violação que impõem ao nosso conceito de humanismo, pelo que são, porque, em última análise, não há uma linguagem comum entre nós, nada há entre nós, exceto colisões ocasionais e o desconcertamento de um e outro que, ao se olharem, vêem refletida de maneira hostil a imagem que têm ou gostariam de ter de si próprios.

Os milhões europeus, melhor tratados, e os nossos ao deus-dará ameaçam as elites e toda e qualquer ordem social. O estouro da boiada ronda nosso mundo. Nos países ricos porque velhas formas de organização econômica e política, de indústrias tradicionais aos consolos da social-democracia vão sendo postas de lado – Reagan é o sorridente arauto da nova era – em favor de uma economia que mais e mais repousa na tecnologia e mais e mais prescinde de mão-de-obra, e que admite, no íntimo elitista onde decisões são tomadas, a redundância da maioria das pessoas.

Nos Brasis nunca se fez o desenvolvimento possível das forças de produção – vulgo capitalismo –, nunca a maior parte da população foi integrada na modernidade urbana, industrial, em que a fartura de bens materiais é o objetivo das elites e em que predomina uma cultura secular, cuja máxima é o máximo nesta vida. Padres falam da outra vida, eterna. Comunistas prometem felicidade às futuras gerações. É o mesmo papo, em essência. A diferença principal entre o caipira de ontem e o de hoje é que este vê televisão nas praças públicas. Não se espanta tanto quanto imaginam nossos intelectuais. Tem uma antiga tradição de mágica.

Por que o povo chorou tanto por Tancredo? Ele não fez nada. Em dois meses de presidente eleito dizia coisas como "é preciso combater a inflação e retomar o crescimento econômico". A maioria das pessoas não sabe o que é inflação e o PIB é o que se tem no bolso. Tancredo lembrava um agente funerário apresentando condolências à família do morto. Olhava sempre para o chão. Talvez fosse onde nos visse e se visse.

A presidência de Tancredo foi um arranjo entre as elites vitoriosas de 1964 e as elites derrotadas de 1964. Primos ricos e primos pobres, mas primos, antes de tudo. Essas elites vitoriosas se enrascaram todas ao escolher o sucessor de Figueiredo. Queriam Andreazza, negociável no varejo e no atacado. *Business as usual.* Teria sido eleito facilmente se não fosse a concorrência de Maluf. Digo, eleito no "Colégio", contra Tancredo. Esse assunto foi enterrado pelos analistas políticos. Paga a pena estudá-lo. O sentimentalismo democrático de certos grupos não é confirmado pela realidade sabida. Logo, melhor esconder a realidade...

Maluf sugeria, projetava, a barra pesada da ditadura real, aquela entre dezembro de 1968 e, digamos, 1977. Estava totalmente deslocado já nos últimos anos de Figueiredo, cujo governo se desmilingüia a olhos vistos. Isto quando os militares já tinham contra eles os governos de São Paulo, Rio e Minas, a classe média que perdia – perde – o amealhado no "milagre" dos anos 70, uma recessão interna insuflada pela internacional, um débito externo impagável, nos dois sentidos da palavra, uma imagem de corrupção governamental sem paralelo na história do país e uma guerra civil ativíssima nas ruas.

Quando uma casa ameaça desabar se fala baixo, se pisa macio, se toma cuidado para não esbarrar em coisas e pessoas. Pode ser besteira, porque a podridão tem curso próprio, etc., mas é o que se faz. Andreazza daria pé, porque pouco falante, erra concordâncias e plurais. Foi tão repassado nos negócios da ditadura de 1964 que parece ter impresso na personalidade um carimbo de tudo, ou melhor, lembra um mata-borrão dos escândalos de uma época. Os tecnocratas governariam por ele. Ficaria tão distante de tudo quanto Médici (aplaudido no Maracanã em 1970, quando a tortura estava institucionalizada...).

Maluf é tonitruante. As elites de 1964 queriam tudo menos atrair atenção sobre si próprias, queriam uma saída discreta, em que a tramóia do "Colégio" se processasse sem arruaça. Maluf contestou-as ruidosamente, bateu-as, expôs-lhes a fraqueza política, já sabida, mas não se toca numa ferida exposta sem levar sobras. E, em seguida, assumiu a bandeira das indiretas pelo cambalacho, como se isso o legitimasse líder nacional. Esqueceu-se, entre outras coisas, de que é um civil, sem gabardine ou pelerine que o proteja da chuva de ovos podres. Todos os insultos contra os militares, reprimidos pelos civis, foram despejados em Maluf.

Os militares se queimariam ao osso, impondo-o, e por um civil, que já desrespeitara dois generais, Geisel e Figueiredo, que se referia a eles condescendentemente? Lula chegou a "apoiar" Maluf, porque assim teria contra quem agitar a sério. Os militares entenderam os sinais. Garantiram a impunidade dos colegas envolvidos em peculato, tortura e assassinato e devolveram às oligarquias civis a ruína que criaram em 20 anos. É difícil entender o fundamento da crença de tantos civis de que o militar brasileiro é um bobo.

A alternativa democrática era ainda menos atraente: eleição direta para presidente. Em 1984, o consenso nos corredores do poder é que Brizola se elegeria. Não que fosse uma certeza. Talvez o Brasil seja mais diversificado do que se enxerga nos corredores do poder. Não importa. O risco havia. Onde estão meus alhos, meus espelhos, minhas cruzes? Drácula vem aí. O medo permanece forte. Os "dois turnos" eleitorais são para impedir que Brizola, o populista radical, dirija o país.

Em novembro de 1984 já não havia mais dúvida de que o cambalacho do "Colégio", considerado indecente quando favoreceria Maluf, estava armado para Tancredo. As oligarquias cassadoras (assistentes, assistentes) abraçaram as cassadas. Reconheceram até, depois, a legalidade do PC, reparando velha injustiça, porque sempre foi autoritário e ditatorial. Ver atas do nono, décimo e décimo primeiro congressos do partido na URSS, publicadas sem censura, em que lemos que a ditadura total é necessária para evitar "desvios pequeno-burgueses" do povão. O PC está nesse mister há 68 anos. Talvez possa ensinar alguns truques às nossas oligarquias tradicionais.

Discutia-se agora o mais importante: a divisão dos espólios. Tão habituados e irritados estávamos com a empáfia dos militares que tínhamos nos esquecido do assanhamento e despudor das oligarquias civis pelo aparelho do poder. Cinqüenta por cento para São Paulo, quem dá mais? E ao Nordeste, nada, claro que sim, tudo que o bigode escovão de Sarney pudesse absorver.

A presidência de Tancredo, natimorta, e a do sucessor, é a soma desses fatores. Quem estiver nominalmente no cargo não altera o produto.

O que o povo viu em Tancredo? Certamente nada soube de Tancredo. Nem monarcas absolutos escolheram o próprio sobrinho como ministro das Finanças, que eu saiba. Nada de pessoal contra o Dr. Dornelles. Pelo que sei, ele poderá ser um novo Keynes, ou o Hjalmar Schacht da brasilidade, ou apenas o sobrinho do presidente que não tomou posse. É o aspecto tribal, de casta, da escolha, que me fascina. Sempre foi assim na nossa história. Ungidos e iluminados decidem entre eles que lei deitar em cima de nós no berço esplêndido.

Não importa se é a batina do padre, a farda do soldado, o fraque do oligarca, ou o "três botões" do tecnocrata: a origem de todos é a mesma. É o que Deus quer. Padres, os primeiros iluminados, nos vetaram acesso à ciência, à revolução industrial, à idéia de liberdade política, rotineiras na Europa protestante e nos EUA – a prova de que o colonialismo em si não era o principal obstáculo – a partir do século XVIII. O Brasil começou a ter precárias universidades e imprensa só a partir do século XIX. Antes, as trevas impostas, para que ficássemos a salvo da modernidade material e herética, protestante, o pensamento irresponsável que atribui ao indivíduo o direito de escolha e de organizar a sociedade experimentando e errando, em suma, o caminho da expansão e progresso das nações que dominaram o mundo até 1945, nenhuma católica, exceto a França, mas à custa de revoluções cataclísmicas, em 1789, 1848 e 1871. Espanha e Portugal murcharam à irrelevância sob o feudalismo forçado da Contra-Reforma católica. Aqui em casa chamamos feudalismo de latifúndio.

É o princípio da organização que conta, nem tanto o que se propõem. O positivista de fraque, o pai do tecnocrata, acreditava em ciência. A religião dele era a ciência, mas que fosse administrada por um clero secular, nada de povo, de contágios democráticos. Os iluminados sabem o que é melhor para os cegos. Nhonhô manda, caboclo faz.

Tancredo era uma versão "romanceada" do nhonhô clássico. Idoso e, portanto, "venerável", porque o vulgo acredita que a velhice traz sabedoria e bonomia. A relação foi se tornando de cabrochas (povo) a pai-de-santo. Esperava-se que Tancredo brandisse uma varinha de condão, ou desse uns passes, que todos comeriam e teriam "bom consumo", o que é hoje, determinada pela televisão, a imagem que mais se faz de uma vida boa. Acanhado e passivo, talvez, mas o que é o tipo médio de rua, se não for bandido ou estiver bêbado ou no campo de futebol?

O que chamamos povo não conhece outra vida. Nunca atingiu o estágio de consciência que lhe permite articular interesses claros. A casta de sacerdotes, a espiritual e a leiga, brilhou na catequese, que produz da submissão abjeta a expectativas mágicas. É uma espécie de gangorra.

O primeiro registro estatístico do Brasil é de 1600. Assinala, na Bahia e no Recife, cerca de 2 mil brancos e de 4 mil negros e índios convertidos, quer dizer, escravos também. Nada mudou, em essência, em 1985. Aumentaram "negros e índios", tanto que podem atropelar os brancos se o controle destes fraqueja, ou, quem sabe, tangidos por quem souber ler-lhes o inconsciente cifrado em primitivismo.

No terreiro que foi a vigília por Tancredo o potencial de anarquia era sensível. Foi manipulado, dirão. Sem dúvida, mas a exacerbação ganhou vida própria, se configurou numa exigência inexpressa de negar mais um desfecho hostil aos sentimentos populares, numa histeria de massa que poderia tomar qualquer rumo. Esse tipo de furor é matéria-prima de guerras e revoluções.

Tancredo tocou num nervo comum que só tínhamos visto excitado num ou outro movimento isolado: o mais intenso foi o de Canudos, em que um senhor se opôs ao censo, ao casamento civil e à República, obras do demo, segundo Antonio Conselheiro, que levou a gente dele a um paroxismo de poder destrutivo sem igual no passado ou futuro próximo do acontecimento. Não estou nem de leve comparando os episódios Canudos e agonia de Tancredo. Digo apenas que a fonte emocional é a mesma. Elites que reduzem e mantêm povos numa prisão anímica de aferimento social estão aprontando contra si próprias uma revanche igualmente bárbara.

Democracia, que não é apenas voto popular, manipulado facilmente, mas sim a liberação das forças produtivas da sociedade, partindo do nível que se encontram, que é baixo, quando muito de subsistência, sugere uma saída entre a canga oligárquica atual, fardada ou à paisana, e a anarquia. Não é o pensamento em moda nas elites. Todas têm um plano nacional, imposto de cima para baixo, "pelo povo", à la Pedro I, nada para o povo.

Tivemos 20 anos de tecnocracia misturada, aos poucos, ao velho cangaço de elite. A força bruta foi ocultada na nova república. As relações sociais são as mesmas do passado. Os populistas, desalojados da vida política em 1964, propõem que o Estado substitua essas velhas oligarquias. Não percebem, ou não querem ver, o que é mais provável, que trocam apenas a fachada do autoritarismo, mantendo-o absoluto.

Convenhamos, nesses 20 anos de um golpe que se propunha defender a "iniciativa privada" do comunismo, o Estado cresceu à elefantíase. Cinqüenta e seis por cento da economia estão sob controle do governo, de governos, em verdade, com orçamento próprio e a autonomia que o mercado, o "tráfego", permitir. Em termos ideológicos, a direita de 1964 fez o trabalho prometido pela esquerda que alijou do aparelho de poder. Existe apenas a questão política de quem dirige o Estado. Este se tornou o senhor da sociedade. Disso não há dúvida. E espolia mais do que qualquer multinacional. Afinal nada precisa vender. Não enfrenta folha de pagamento. Deixa essa tarefa ao Tesouro, de que é o dono. É o círculo vicioso perfeito.

Em volta das diversas "brás" as favelas se avolumam. Montar essa estrutura de estatais custou-nos a maior parte de uma dívida externa de 104 bilhões de dólares e uma dívida interna de que se perdeu a conta. Há também a trambicagem que passa tantas vezes por capitalismo. De quando em quando a sede ao pote racha este e um pouco de água suja se esparrama à vista do público. Ninguém vai nunca para a cadeia.

Os desmandos dos estatistas e dos empresários do saque, ambos membros da mesma elite que só diverge no "modus" de como se ceva, não são a saída, ao menos disso sabemos, é visível a olho nu.

Um relatório do Estado-Maior das Forças Armadas, EMFA, que comento por extenso no livro, é o melhor retrato disponível do Brasil. Começa pela gabolice que de quadragésima nação industrial em 1964 passamos a ser a oitava em 1984. As próprias esquerdas, que não "participaram" dessa jornada, dão crédito a essa sandice, a medida meramente industrial que nos coloca à frente da Suíça, Holanda e Suécia, que só quem não conhece pode imaginar à altura de meio fio social em que está nosso país.

Vêm as más notícias do relatório. Notamos logo que não têm causas específicas. São "atos de Deus". A inexplicabilidade e a impotência da condição humana, artigos de fé da ideologia da Contra-Reforma, continuam gravadas indelevelmente na fronte dos nossos generais, apesar de toda "ilustração" positivista-tecnocrática que recebem na Escola Superior de Guerra (ESG).

Basta dizer que de 133 milhões de brasileiros a população economicamente ativa é de 48 milhões e, destes, 31 milhões ganham menos do que o salário mínimo, e 66 por cento entre os últimos se concentram, claro, no campo de concentração que é o Nordeste. Quarenta e sete por cento da juventude sofrem de males congênitos, físicos ou mentais, aferimento dos médicos do serviço militar obrigatório. Os generais descobriram até Malthus. O Brasil tinha 78 milhões de pessoas em 1964 e 133 milhões em 1984. Esse crescimento, mantidas as proporções de "inativos" economicamente, é uma bomba em que estamos sentados, conclui o EMFA. Não que se julgue responsável. Os caminhos de Deus são inescrutáveis. . .

Todos conhecemos, ao íntimo, esses dados, dispensando estatísticas. Esbarramos com a realidade nas ruas ou no campo, a uma hora de distância de qualquer bairro rico de cidade grande. Quem pode se esconde, ou dá no pé. Alguém tem de ficar e de fazer alguma coisa, ou algo será feito contra os 17 milhões que ganham do salário mínimo (como vivem talvez seja o mistério mais enigmático da nossa sociedade) para cima. Aparecerá o pai-de-santo apropriado. Hitler e Khomeini não são acidentais. Decifraram o inconsciente das massas.

Tivemos uma espécie de democracia de 1946 a 1964. Um presidente se suicidou, dois interinos (Carlos Luz e Café Filho) foram depostos, outro foi empossado pelo exército, um outro renunciou e o último subiu se traindo e ao mandato, recuperou-o e terminou também deposto. O voto direto é em muitas regiões dirigido a quem nhonhô manda o caboclo votar, e em qualquer parte a maioria das pessoas não sabe do que estão falando os candidatos (nem estes dizem o que pensam. . .).

Ainda assim foi um processo educativo. Educação implica tentativa e erro até que se atinja a maturidade. Talvez o Brasil descrito pelo EMFA já esteja tão dilapidado, material e humanamente, que a alternativa seja a anarquia ou o estado de botina permanente na face do povo.

Talvez. Os homens não se criam problemas que não possam resolver. A democracia postiça, meia-confecção, precária pelos assaltos que sofre dos ditatoriais, ao menos permite que se proteste e se proponha formas de vida civilizada. É verdade que quem propõe se arrisca a ser desdenhado pela horda, que quer apenas seguir o líder, ou a ser suprimido pelo próximo – inevitável? – regime de força. Pode ser também que um número razoável de espíritos livres se façam ouvir acima e à margem da incompetência das oligarquias sentadas sobre o país desde que ganhou identidade. Espíritos livres garantiram os direitos do homem na Revolução Francesa, em 1789. A idéia permanece viva apesar de achincalhada "n" vezes em todo o mundo. Divulgar essa idéia é um princípio.

Nova York, julho de 1985

I. A Descoberta do País Real

Minha primeira memória política, de adolescente, é da deposição de Getúlio Vargas, em 1945, o fim da ditadura do Estado Novo, começada em 1937. Como de costume, não houve derramamento de sangue. O ditador saiu pela mão do cardeal. O grande público de nada sabia e não foi ouvido ou cheirado. Era, na maioria, o que demonstrou em eleições posteriores, admirador de Getúlio. O embaixador dos EUA, Adolf Berle Jr., levou a culpa. Tinha feito um discurso – rotineiro, até hoje, no país dele – em favor da democracia e contra estados de força. Haveria assim aberto o "sinal verde" para os tanques velhos e primitivos da Vila Militar que desceram e derrubaram Getúlio.[1]

O episódio reuniu constantes da nossa vida política: o remanejamento de elites no poder, sem violência física aos derrotados; a onipresença do padre, substantiva, ainda que sujeita a modificações adjetivas; a ausência de consulta e participação até das camadas que dispõem das primeiras letras; e a varinha de condão da nação estrangeira, seja portuguesa, inglesa, ou dos EUA, atuando sobre o nosso destino.

Fiquei surpreso. Nunca tinha ouvido uma palavra no internato São Bento ou no externato Santo Inácio contra Getúlio. Minha família não discutia política, e, muito menos, meus amigos de idade, apesar de vivermos no Rio, a capital.

Eu imaginava que Getúlio fosse eterno, ou vitalício, já que os subalternos do cardeal me tinham ensinado que o homem é mortal.

Minha família considerava política e jornalismo profissões marginais, no sentido pejorativo da palavra.

É um erro parcial quanto à imprensa. No meu tempo de vida tem sido o acesso mais amplo à informação, talvez porque se venda no mercado, precisando atrair o interesse e boa vontade do leitor para sobreviver economicamente. Sem circulação, ou, hoje em dia, audiência, não consegue os anunciantes que lhe garantam a renda. O acadêmico, o técnico, ou, raríssimo, no Brasil, o intelectual, produzem para congêneres, ou aspirantes a tal. Podem se circunscrever ao jargão e fechar-se em claques, a exemplo dos antigos doutores da Igreja Católica, de que, de resto, são os herdeiros seculares. São os confeitos do bolo da elite dirigente. A imprensa tem de entrar em generalidades e, em princípio, tudo que é humano é notícia.

Nenhuma idealização. Em 28 anos de jornalismo profissional (e outros cinco de aparições ocasionais) conheço os limites da imprensa, ditados pela correlação de forças sociais; a superficialidade, a tendência comercial e *ideológica* à simplificação sensacionalista, o recurso à omissão e à distorção, etc. Ainda assim, sempre sobram elos entre o percebido como real e o público, talvez até porque o jornalista sofra a ansiedade constante que a freguesia possa abandoná-lo, se não for mantida interessada no que escrevemos ou dizemos.

Onde não há ditadura total, onde a imprensa não é dirigida pelo poder estatal, sempre sai do riscado pela elite dirigente.

O jornal que eu lia em 1945, sobra do meu pai, *Correio da Manhã*, caiu de pau no ex-ditador, cujas culpas iam de censurar a imprensa, com agradáveis subornos de proprietários e jornalistas,[2] a impedir "o livre tráfico de idéias", a se impor no cargo de 1930 a 1945 (o que Getúlio chamava de "curto espaço de tempo"), à não-convocação de eleições, a distribuir a "corrupção", cargos públicos e negociatas, a ordenar a prisão, tortura e morte de inimigos políticos.

Uma nota parentética sobre a tortura, etc. O principal executante dessa forma primitiva, mas eficiente, de persuasão e repressão durante o Estado Novo, Filinto Müller, nada sofreu no período de redemocratização, à parte alguns artigos e livros condenatórios que, os meus conhecidos, são muito mal escritos. Morreu de uma das variações da incompetência (não exclusiva) nacional, um desastre de aviação. Era senador da República, da que elegia líderes e da que os impunha (pós-1964), sempre ouvido em crises políticas e citado *ad nauseam* como um dos sábios da pátria. Não há indícios de que os torturadores do regime de 1964, que, se não superaram em número de vítimas Müller e acólitos, certamente competiram com eles, venham a ter destino diferente. Veremos.

Agora, continuava o *Correio*, teríamos liberdade, que seria consolidada e até expandida em eleições, escolheríamos um presidente, um congresso, e este seria constituinte, dando-nos uma carta magna à altura das nossas aspirações como nação civilizada.

Enquanto se preparava a máquina eleitoral, o presidente do Supremo Tribunal Federal assumiu interinamente a presidência do país. Era um certo José Linhares. Cearense, nanico e cabeça chata. Não posso dizer que me fosse socialmente familiar, ainda que o soubesse existente e comum, personagem de anedota, por informação dos mais velhos – aos 15 anos, eu nunca tinha saído do Rio – e porque o visse, gente semelhante, entre a classe servil da zona sul da cidade.

De outubro de 1945 a janeiro de 1946, quando tomou posse o presidente eleito, Eurico Gaspar Dutra, o presidente interino se dedicou a nomear para cargos públicos os parentes e amigos, os amigos de parentes e amigos de amigos, sem falar dos parentes, amigos, etc., de potentados antigos e emergentes, estes últimos, pessoas da oposição que Getúlio marginalizara. O *Correio* ironizava o comportamento do mandatário, de mangas arregaçadas, tratando o Tesouro como um ovário de sinecuras, só se interrompendo para os repastos, que, desse tipo de gente, lembrando uma fome atávica; são lentos, cerimoniosos e parecem ter sempre um sabor fresco e inexaurível; ou pelo descanso noturno, que ninguém é de ferro. Nas minhas relações eu ouvia sarcasmos sobre a inevitabilidade da conduta do "índio", "paraíba", e, claro, "pau-de-arara", hoje acrescido do "farofeiro".

O *Correio* nos acenava com outro tipo de brasileiro, que seria eleito em repúdio nacional ao getulismo, de que Linhares era o epílogo farsesco. Os adultos e alfabetizados escolheriam como presidente o brigadeiro Eduardo Gomes, "Brigadeiro, é bonito e é solteiro", alto e bem posto, lembrando alguns galãs "nórdicos" de Hollywood, o oposto da imagem de verminose e de fome "raspa-prato" que Linhares projetava.

O brigadeiro afundou sem deixar traço nas eleições de 1946 e de 1950. Na última vez que se soube dele tentava impedir que o comando da Aeronáutica (FAB), de que foi um dos pioneiros e fundadores, passasse à História como a corporação militar que mais se excedeu, na década de 1970, na repressão física dos oponentes do golpe de 1964. Com que grau de sucesso só se saberá quando e se for escrita a história do período 1968-1979, em que a ditadura suspendeu o que restava de direitos civis.

Linhares é mais significativo para mim do que o brigadeiro, este mais interessado em salvar a alma católica do que em política, segundo o velho amigo, admirador e usuário, Carlos Lacerda. Linhares é emblemático de outra constante histórica no Brasil, o trato da coisa pública, do que pertenceria a todos pelo nosso trabalho e o que pagamos em impostos, como coisa particular, tribal, ou melhor, tribais, no plural, em que os diversos caciques repartem entre eles, parentes e amigos, o acervo dos índios, controlando a atividade destes, exigindo-lhes mais esforços, ou privando-os dos mínimos direitos materiais que uma sociedade civilizada deve aos cidadãos.

O descaramento de Linhares em 1945-46 é refrescante, em última análise. Tomou o que pôde e simplesmente não deu as habituais explicações, de que agia pelo bem de todos, por "exigências de modernização da sociedade", em nome do nacionalismo, ou "contra o imperialismo". Se há um *Brazilian dream*, Linhares o representa, nu e feliz, como Adão, antes da queda.

Dezenove anos depois, outro cearense, também nanico e cabeça chata, assumiria o poder *depois* de um golpe militar. Desta vez não houve mediação do cardeal, o que é um fato novo, talvez o único nas histórias de remanejamento do poder entre nossas elites. Boa parte da Igreja queria o golpe e eclesiásticos foram à frente de grãfinas e classe média, assustadas em face da propaganda de que Jango era um novo Lenin,[3] nas chamadas marchas com Deus pela família e a liberdade. Outros clérigos tinham outras idéias. 1964 foi o segundo ano do Concílio convocado por João XXIII e presidido por Paulo VI (até 1965), que geraria, como subproduto, a "teologia da libertação", que propõe, raspado o lero-lero, uma forma de comunismo utópico.

Não quero comparar Castello a Linhares. Castello, apesar da pretensão, água e vento, tinha um programa que, no Brasil, pode ser considerado modernizador. *Não deu certo.*[4] Essa é a crítica que não se fez ao autor intelectual deste programa, Roberto Campos. Acusam-no de haver passado o controle da nossa economia ao estrangeiro, a interesses dos EUA, em particular. O próprio golpe teria sido inspiração do embaixador de Washington, Lincoln Gordon, assessorado por esse gênio conspiratório, o general Vernon Walters.

Em tempo, terei o que dizer sobre esses assuntos. É mais importante, antes, saber do que estamos falando, isto é, em que país e sociedade vivemos depois de 20 anos de governo militar.

Podemos dar a palavra aos militares. Não são confiáveis, se dirá, ou melhor, dirão aqueles que sofreram *conscientemente* sob a ditadura, já que a maioria é indiferente, ou embrutecida, ou as duas coisas, excluída que é de tudo, exceto de trabalhos forçados; participa tanto do que acontece nos círculos de poder quanto eu, menino de 15 anos, da derrubada de Getúlio, e sem a minha curiosidade infanto-juvenil. Essa condição, bem entendido, está longe de restrita ao período 1964-1985. É outra constante da nossa história.

É uma desconfiança justificada. Os militares censuraram o que puderam, não raro à força bruta, durante tanto tempo, que é difícil crer que sejam capazes não só de fazer como de divulgar uma autocrítica. Afinal, ao abandonarem a censura direta, e os métodos inquisitoriais de reprimir dissidentes,[5] continuaram praticando a manipulação de dados e toda espécie de estatísticas.

Ninguém sabe nada *com certeza* do estado geral do Brasil. Deve haver conhecimento, restrito a elites mínimas e dedicados servos, de setores. Falta a síntese, que não precisa ser aceita por todos, em matéria de interpretação, já que esta invariavelmente é subjetiva. Sempre há margem para controvérsia e discórdia. O que inexiste no Brasil é o acesso suficiente à informação que permita o debate e as inevitáveis diferenças de opinião. Esse acesso é proibido, em qualquer regime pré e durante 1964-1985, ou dificultado de maneira intransponível pelos poderes da terra.

Daí o interesse de um documento chamado sugestivamente "projeção silenciosa", atribuído ao Estado-Maior das Forças Armadas. Podemos tratá-lo como à Bíblia. É provável que nem rabinos ortodoxos acreditem que "a palavra de Deus", reescrita por eles próprios pelo menos – que se saiba – desde os tempos obscuros de Ezra (438 a.C.), seja história factual. A Bíblia não tem pé nem cabeça. É uma confusão dos diabos, sem intenção de menosprezo, porque o bom rabino nos lembrará que os desígnios divinos são impenetráveis a nossa lógica limitada, sejamos nós judeus e, muito mais, gentios. É essa, de resto, a defesa de todas as ideologias religiosas em face do vasto e profundo ataque científico e filosófico que sofrem desde os séculos XVIII e XIX.

A Bíblia é útil aos céticos porque dá uma idéia do que os judeus pretenderam ter sido na História. Esse cacoete ideológico (aqui a palavra é usada no sentido original marxista, de falsa consciência) é logo aparente, é a *estampa* da obra do EMFA, "projeções silenciosas". A Bíblia é mais convincente, apesar do *nonsense* gritante.[6] Os rabinos atribuem os esplendores e misérias do povo judaico à vontade de Deus, um senhor muito acima de nossos parcos intelectos. Logo, é inútil empreender uma contestação lógica. Esbarra em muralhas muito mais resistentes que as de Jericó.

Os redatores do EMFA dão ao regime militar a glória de ter elevado o Brasil de quadragésima-nona à oitava potência industrial do mundo. Não é pouca porcaria. Vem, em seguida, a descrição das misérias, antigas e renovadas, e é em vão que se procura responsabilidade. Parecem acontecer por geração espontânea, ou, num caso específico, da fertilidade sexual dos pobres que nem o nível de vida subhumano em que vivem, ou a imensa mortalidade infantil, conseguem abater.

Se os rabinos explicassem assim a trajetória tumultuada do povo judeu há muito estariam pregando num deserto.

O documento do EMFA não foi dado a público. É o de costume, no Brasil. Li uma transcrição de trechos pelo jornalista Joelmir Beting, que explica a divulgação do texto estar restrita a "auditórios seletos". Beting escreve para grandes jornais e é um profissional dos melhores. Não correria o risco de deturpar a palavra militar. É digno de crédito.

A gabolice sobre nosso ascenso mundial é partilhada pelas oposições liberais e esquerdistas. Não sofre contestação, exceto de alguns excêntricos. O fato de que nos coloca à frente de países menores em espaço e população, que ainda assim são altamente industrializados e geraram um tipo de sociedade jurídica civil inexistente em qualquer época no Brasil, e que têm um padrão de vida médio muito superior ao nosso, padrão que exclui a miséria absoluta, porque *ilegal,* é ignorado.

O posicionamento brasileiro é medido pelo PIB, o produto interno bruto. Gunnar Myrdal foi um dos primeiros a desmoralizar o PIB, como dado de aferimento de riqueza e progresso, notando, em referência aos EUA, que o governo *somava* ao PIB, e não subtraía, o que despende em assistência social às multidões marginalizadas da economia ou que não sobreviveriam no funcionamento normal desta, sem que o Estado as subsidiasse.

Um quarto do PIB brasileiro é dívida interna, ou seja, o governo imprime dinheiro ou se endivida por gerações a perder de vista, pagando juros elevadíssimos, para se manter no movimento aleijado que os patrioteiros exaltam. Outro terço é débito externo, de que só conseguimos cobrir juros, taxas de risco e comissões de credores à custa de empréstimos que eles, credores, nos fazem e que nós lhes repassamos prontamente, aumentando assim o principal da dívida e os encargos desta.

O documento não analisa esses fatos, que eu saiba. Desfila mazelas, sem ligá-las à inchação da máquina federal ou às obrigações externas. Ninguém parece ser responsável. O EMFA também não encontrou um conjunto de circunstâncias, de forças materiais, internas e externas, ou ambas, que, em interação com a classe dirigente, tenham gerado o Brasil de 1985. As coisas acontecem, simplesmente.

Já foram também ditadas pela inescrutável vontade de Deus, a quem se tentava propiciar por mediação da Igreja Católica da Contra-Reforma, feudal e fatalista, que foi a influência decisiva no pensamento brasileiro, a ideologia da elite dominante, da "descoberta" à Velha República, quando passou a ser permeada pelo Positivismo, na sua mistura de autoritarismo, misticismo e matemática, de que os tecnocratas de 1964 em diante são o produto mais saliente.

Para meu propósito aqui, o documento do EMFA reflete a "inexplicabilidade" da História, ou, ao menos, a ignorância da interação que citei acima. É uma atitude típica da mentalidade da Contra-Reforma, para quem o homem é incapaz de se desenvolver como agente social e dinâmico; é melhor que nem tente, porque terminará caindo em heresia e violando os ensinamentos sagrados e eternos da Igreja, que nos consola dos sofrimentos inevitáveis desta terra e, se formos dóceis e receptivos a ministrantes e respectiva cartilha, seremos recompensados numa vida eterna de bem-aventurança. O positivista propõe uma ordenação científica, de cima para baixo, "mantidas as hierarquias"; se houver ordem, o progresso virá, porque é o terceiro "estado" de evolução (teológico, metafísico e científico) da sociedade, atingido com o advento do industrialismo.[7]

Bem, o que "adveio" no Brasil, apesar do nosso suposto oitavo lugar entre as nações industriais, segundo o EMFA, foi que de uma população de 133 milhões de habitantes, estimada em tanto no fim do governo Figueiredo, 40 milhões vivem em estado de pobreza relativa e 30 milhões em pobreza absoluta. A população economicamente ativa[8] é de 48 milhões. Trinta e um milhões ganham menos do que o salário mínimo. Sessenta e seis por cento desses 31 milhões estão no Nordeste, onde a mortalidade infantil é de 198 em 1000. Noventa e seis dessas mortes seriam por fome.

Há 64 milhões com menos de 19 anos. De 770 mil convocados ao serviço militar, 360 mil não passaram no exame médico. Quarenta e sete por cento dos reprovados sofrem de subnutrição, "nanismo, deficiências dentárias, visuais, auditivas, verminoses e alterações congênitas dos membros inferiores da coluna".

Numa extrapolação talvez modesta o EMFA conclui que 47% dos jovens de menos de 19 anos são incapazes físicos ou mentais, ou as duas coisas.

O número estimado de "menores abandonados" é de 30 milhões. O de analfabetos, "com Mobral e tudo", em 20 milhões. Sete milhões de crianças em idade escolar estão por aí.

O EMFA cita a explosão populacional. De 78 milhões de pessoas, em 1964, estamos com 133 milhões, em 1985.

Dou credibilidade relativa a esses números e, tenho certeza, estão longe de representar a totalidade, ou algo próximo desta, da nossa vida social. É possível até lembrar um dado positivo, que nos 17 milhões que ganham de um salário mínimo para cima, existe uma proporção que vive num nível do confortável ao principesco, este, segundo Delfim Neto, reservado somente a 38 mil brasileiros, mas seja como for, se estimarmos em 8,5 milhões os bem de vida, e somarmos dependentes em unidades familiares de quatro, um cálculo comum, temos mais de 30 milhões de pessoas "numa boa", ou "excelente".

Há, claro, outras indagações. Ao número dramático de 31 milhões abaixo do salário mínimo lembramos a falta de crítica aos que *recebem o salário mínimo*, comprovadamente insuficiente em qualquer período histórico, desde que criado, na década de 1930, para sustentar um ser humano e prover-lhe uma "pobreza relativa" (o que quer que isso signifique). E há também a omissão das pessoas com mais de 19 anos, que, se nos fossem descritas, iluminariam melhor a composição social, já que, por lógica elementar, ocupam as posições mais dinâmicas e responsáveis em toda a sociedade, seja na empresa privada ou pública.

O relatório é sombrio sobre o destino de uma população que tem uma juventude em 47% "desfalcada para a vida". Estaríamos "sentados numa bomba". Quem estaria não é explicado, talvez porque "auditórios seletos" saibam, na minha opinião já sabiam antes de ouvir o brigadeiro-palestrador citado por Beting. E, claro, ninguém é responsável. A condição brasileira é "ato de Deus," ou, em versão crescentemente popular, de políticas dos EUA.

Nada há de novo no que o EMFA comunica a aliados. Ou melhor, o que há de novo é que o velho e constante se tornaram mais visíveis e presentes. O chamado crime de rua, que atinge os recantos de lazer da elite, é uma manifestação de guerra civil, ainda que não declarada e, muito menos, organizada pelos manuais do militar, mas nem por isso deixou de deformar a vida urbana, agora um risco permanente para quem não fica em casa trancado a sete chaves, sem falar da erosão inexorável de já minguados serviços públicos e facilidades comunitárias.

O brigadeiro parece ter se referido a um *baby boom*, expressão cunhada nos EUA depois da guerra de 1945. Ter muitos filhos em qualquer parte do mundo é quantitativamente a mesma coisa, mas há uma significativa diferença qualitativa entre a nossa experiência e a do país que tanto nos ocupa a imaginação. Os jovens que voltaram da guerra nos EUA, encontraram um país cujo PIB tinha triplicado, só que em produtividade real e dinheiro real – o mundo devia aos EUA, comprava dos EUA – espraiados por uma sociedade civil avançada, aberta aos experimentos industriais, comerciais e tecnológicos.

O *baby boom* dos EUA marcou a ascensão à classe média de uma vasta camada que era proletária, ou de que os pais se proletarizaram, na Depressão de 1929. "Constituir família" permanecia uma das aspirações mais comuns da maioria, no pós-guerra de 1945, e o enriquecimento do país permitiu que fosse alcançada, sem falar do estímulo psicológico (e comercial, de expansão do consumo, aos jovens pais) de uma vida particular, tradicional, depois de quatro anos do comunalismo militar, cheio de restrições, predizível e, fora de combate, sumamente tedioso.

O EMFA apenas adotou o americanismo porque é moda (*fashion*, em alguns jornais), sem defini-lo em relação à nossa vida. É possível que o surto de "desenvolvimentismo" sob Juscelino Kubitschek (1955-60), apesar de produto de inflação e dinheiro emprestado do estrangeiro, gerasse esperanças, em essência, não muito diferentes daquelas de jovens dos EUA, já que Juscelino sacudiu a modorra do interior do Brasil, das "léguas e léguas de deserto" latifundiário, trazendo muitos candangos, antes condenados à servidão impotente e à fome, à economia produtiva, quando foram iniciadas obras de infra-estrutura visando a "metas" de desenvolvimento industrial.

Seja como for, o Brasil, em 1950, tinha cerca de 50 milhões de habitantes. Em 1985, cerca de 133 milhões, um crescimento superior a 160%, sem uma remotamente comparável absorção econômica; é o próprio EMFA que o diz. E prevê "bomba", cujo perigo consiste não em que exista, mas em que exploda.

No contraste entre os miseráveis e o nosso oitavo lugar industrial, que nos põe à frente da Suíça (. . .), Holanda, Suécia e Bélgica, um absurdo que dispensa comentários, temos a síntese do pensamento da Contra-Reforma: "seja o que Deus quiser", e pau em cima de quem não quiser o que seja; e a fantasia místico-matemática do Positivismo, que mede progresso por números, *indiferente* e *independente* da História, que não é um bicho de sete cabeças, é o que os homens fazem de si próprios e dos outros, do que fazem numa sociedade, que sociedade fazem.

O *baby boom* do brigadeiro me interessa como típico das elites em ação. Sexo é um dos raros divertimentos dos pobres que não sofre a "correção" que os marginaliza de outras atividades sociais. Pode ser de graça. É difícil controlar à força, a menos que se instale um regime totalitário inédito, exceto em fantasias sado-masoquistas, a exemplo de *1984*, de George Orwell, o que exigiria uma capacidade de organização nunca sequer prenunciada no Brasil.

Dado o nosso nível de subdesenvolvimento social, deveria haver controle da natalidade que diminuísse o potencial impacto da 'bomba" temida pelo brigadeiro e colegas. Não há como alimentar essa gente toda, que pela proporção de crescimento entre 1950 e 1985 deverá estar, no ano 2000, pela casa de um quarto de bilhão de pessoas, quando as atuais defesas urbanas e outras da minoria que escapou do *gulag* "informal", sugerido no relatório do EMFA, talvez não resistam à pressão de uma horda faminta e desesperada.

Resta acrescentar que nenhum modelo discutido pelas elites pressupõe o aproveitamento intensivo de mão-de-obra. Ao contrário, há uma disputa acirrada e ciumenta sobre *quem* assume o modelo tecnológico, se o nacionalismo que prega "fronteiras fechadas" e "reserva de mercado", ou se é o mercado, sem aspas, que terá vez e predominância. A primazia do modelo tecnológico não está em questão. Onde, neste, serão enfiados os 47% de jovens defectivos não parece ser assunto do departamento do brigadeiro ou de qualquer grupo conhecido na vida pública.

Era de se imaginar que nessas circunstâncias a pílula e outros anticoncepcionais fossem distribuídos como é o entretenimento de televisão. Os padres se opõem com sucesso que ninguém, que eu saiba, já analisou. O pecado do sexo parece ser quase tão inevitável quanto o original, logo que ninguém peque, se possível, sem assumir a responsabilidade de difundir a miséria. Não podem impor esse breque às elites e sub-elites. Logo, se concentram nos 70 milhões de pobres "relativos" (a quê? a um, dois ou três salários mínimos?) e "absolutos".

Geisel, luterano e positivista, ousou legalizar a "dissolução" do casamento, que, na lógica totalitária da Igreja, deve ser preservado até se somos ateus, ou não-católicos, e, portanto, condenados de qualquer forma ao fogo eterno. Nem Geisel ousou gastar dez réis de mel coado fornecendo aos 70 milhões a escolha que é feita banalmente por qualquer casal que tenha acesso a médicos e saiba apor renda à qualidade de vida.

As esquerdas, de um modo geral, se aliaram à Igreja, por outro motivo. Inconformadas com o insucesso político, que atribuem a causas várias, exceto à própria incompetência e irrealismo, se tornaram propagadoras do "quanto mais, melhor", certas de que quando as hordas, pelos números (pelo processo de "água mole em pedra dura, tanto bate até que fura", convertido em torrente), derrubarem a burguesia, serão chamadas a administrar o país, estabelecendo a ditadura burocrático-coletivista que admiram, a distância, na URSS, e gatos pingados na América Latina, Cuba, e, talvez, a Nicarágua.

A superstição dos padres é ao menos fundada na crença de que os aleijões do brigadeiro, se dóceis à Igreja e receptivos à fé, gozarão vida eterna. É um toma-lá-dá-cá teoricamente passível de debate num país onde pouca gente, em qualquer período histórico, teve um gosto das possibilidades materiais do homem. A posição das esquerdas parece mais produto de um ressentimento impotente, que cresce proporcionalmente à consciência *reprimida* dessa impotência. Foi sucintamente expressa pelo protagonista do filme *Pascoalino, Sete Belezas* de Lina Wertmüller, quando, no final, propõe à noiva, prostituída, que tenham muitos filhos, porque é a única maneira de "derrotá-los", à burguesia capitalista, que hoje não tem pátria, que dirige os negócios de Nova York e as armas aniquiladoras de Washington. Esse Pascoalino é um trapalhão semi-analfabeto, um bandido menor, proxeneta, estuprador e assassino. Lina Wertmüller intuiu artisticamente a proposta de sobrevivência da ideologia da horda.

O documento do EMFA se autodemole, apesar das "alvíssaras" do PIB. Era necessário? Minha impressão é que qualquer pessoa atenta da minoria *sente sempre* o que os pesquisadores revelaram. Menino, em 1940, comecei a ir ao interior do Estado do Rio, para o veraneio que antecede a moda atual de praia. A poucas horas do Rio, uma cidade na época de apenas um milhão de pessoas, em que a "pobreza relativa" existia sem grande alarde, já se entrava num mundo diferente.

Chamávamos essa gente de "colonos" ou "matutos". Quando muito, habitava vilarejos, em casebres, onde só a Prefeitura, em estado de dilapidação permanente, e, claro, a igreja, pareciam ter direito a espaço e altura. A maioria não chegava a esse estágio comunitário. Vivia em família no meio do mato, ou à beira da estrada. A comunicação verbal era restrita ao elementar. O escrito em cartazes sugeria a fonética de crianças. Um povo entre o *homo habilis* e o *homo sapiens*.

As estradas encurtaram o caminho do veranista da cidade ao campo. As pessoas da terra são indistinguíveis umas das outras em 40 anos de diferença. A roupa parece herdada de gerações, a calça, ou saia, e a blusa, que não se pode imaginar mais ordinária, quando não esfarrapada. O olhar vácuo, vazio dos estímulos da proteína, de que desviamos rapidamente o nosso, deve ser o mesmo de quatro séculos e meio de estupefaciência.

Omito o aspecto médico, um dos temas favoritos do EMFA (outro "ato de Deus", naturalmente), porque é tão vulgarizado para excitar prazer, mascarado de piedade. Não é necessário ao entendimento do que somos.

Adolescente, vi pela primeira vez no Nordeste os "retirantes". Hoje são inescapáveis em qualquer cidade, sem que o cidadão contemplativo mova um pé e por mais que tente canalizar a vida em condutos de segurança pessoal.

Não parecem ser mencionados pelo EMFA, que também ignorou o desemprego "oficioso" (1985) de 30%, sub-emprego, 10%, etc. José Sarney, escrevendo na *Folha de São Paulo*, em 1984, deu entre 600 e 700 por cento o crescimento da população urbana do Brasil desde os anos 60. Sarney é um político do Maranhão, um dos estados em que predominam "os vastos desertos e charnecas", nas palavras de José Bonifácio de Andrada e Silva, em 1815. O Brasil não foi capaz de desenvolver uma agricultura de subsistência em quase cinco séculos.

Colônia, "império", república, ou ditadura militar, a mentalidade do saque é dominante, o que inclui os atuais centros rurais de alta renda de exportação, que provêem empregos; são úteis. Alguns são até modernos. Enquanto renderem, tudo bem. Só existem porque rendem rapidamente. Não nasceram de uma política de capitalização da agricultura, cujo excedente gerou os primeiros passos civilizados do homem. A terra sempre foi tratada assim, como objeto de estupro – a Amazônia hoje atrai um tratamento que nada fica a dever em selvageria ao verificado nos ciclos do açúcar e do ouro do Brasil colônia; o índio massacrado naqueles continua morrendo neste, quando incômodo ou insuficientemente dócil.

Há explicações que nunca encontraremos em documentos oficiais, a não ser indiretamente, ou, tão pouco, no marxismo superficial que quase sempre se pratica no Brasil, uma repetição de formulações táticas dos escribas de Stalin, aplicadas à galega. A mentalidade de saque tem raízes culturais profundas, que permanecem por ser analisadas. São conhecidas, em abstrato, mas o importante é relacioná-las com a nossa história. Não contém "toda a verdade", o que quer que isso signifique, e, filosoficamente, no século XX, o que se discute, quando ainda se discute, é verdade limitada, funcional.

O atalho nacionalista é o mais pisado, pisoteado mesmo, pelos nossos intelectuais e políticos, estes, ao menos, enquanto não chegam ao poder. Consiste, em síntese, em responsabilizar os EUA pela nossa condição marginal. Isso é mais novo do que imaginam jovens entusiastas. Agildo Barata, descrevendo o fracasso do levante de 1935, chama nossa atenção para os ônibus da Light, inglesa, que levou os derrotados ao celebrado cárcere. O império britânico, na época, era "o inimigo".

Foi na abertura (oficial) da Guerra Fria, depois de 1945, que os EUA foram escolhidos como substitutos da Inglaterra. A inspiração soviética é inequívoca e os motivos da escolha têm mais em comum com táticas de política externa da URSS do que esperanças reais de que o Brasil siga rota revolucionária. Seria, porém, uma simplificação tola confinar o nacionalismo a "desígnios" soviéticos ou do PCB. O sentimento é muito mais poderoso do que essa agremiação miúda e estreita, que encolhe desde 1947,[9] ainda que o PC modele atitudes e posições, em especial entre os intelectuais e artistas, contra os EUA, na nossa vida pública. E muito se gaba disso, até quando nenhuma influência teve em certos acontecimentos. É um dos paradoxos da controvérsia comunismo e anticomunismo que os dois lados se atribuam e aos adversários poderes que nunca evidenciaram.

NOTAS

[1] Berle, nos anos 70, em Nova York, em conversa comigo, negou esplenético a acusação, o que sempre fez e até em livro. Era um liberal do *New Deal*, do reformismo de Franklin Roosevelt. Nos últimos anos de vida aderiu à obsessão anticomunista do *establishment* de política externa dos EUA, mas esta não seria, por si, justificativa de ação contra Getúlio.

[2] Subsídios para a importação de papel, matérias pagas, etc. Os profissionais jornalistas tinham isenção do imposto de renda, passagens gratuitas de avião e o direito a financiamento de casa própria pela Caixa Econômica. Isso exclui a "iniciativa privada" de cada um no apoio à ditadura.

[3] Ou, nas versões mais sofisticadas, outro "Kerensky", o líder do governo provisório na Rússia, em 1917, cuja burrice ou incompetência, ou as duas coisas, teriam facilitado a revolução bolchevique.

[4] O governo Castello Branco não chegou a durar três anos. Foi entremeado de toda espécie de tumultos políticos e militares, à parte a chuva inquisitorial de cassações de direitos políticos, mandatos, etc. Os efeitos positivos, ou negativos, da personalidade de Campos, são, a meu ver, produtos de atitudes psicológicas e, menos, de realizações do período, ainda que estas tenham adiantado o projeto capitalista e *estatista* no país. Ele hostilizou não só as idéias fixas do nacionalismo e da esquerda, como as dos empresários que mamavam toda espécie de subsídios nos bancos do Estado. Lembro uma noite que ele entrou num bar da moda e houve um silêncio generalizado. Um empresário perto de mim, velho amigo, imprecava. Perguntei-lhe: por que você não dá um tiro nele? Resposta: não vale uma bala. Reclamava-se horrores, em todas as camadas, da recessão que impôs ao país, a fim de estabilizar a economia. Essa recessão só seria substituída pelo "milagre" de Delfim Neto, em 1968, e é argumentável que o influxo de capital estrangeiro, base real da expansão seguinte, se deveu, em grande parte, ao saneamento impopular executado por Campos e o ministro da Fazenda, Gouvêa de Bulhões.

[5] Oswaldo Sampaio, um jornalista de esquerda, teve uma broca enfiada no ânus. Stewart Angel, um jovem esquerdista que, quando escrevo, não lhe localizaram ainda os restos, foi amarrado a um jipe em movimento, uma forma de esquartejamento. Rubens Paiva, deputado e homem de negócios, preso, também desapareceu sem traço. Esses e inúmeros outros episódios não abalaram a mística nacional de que somos um povo doce e não violento, o que é celebrado *ad infinitum* em nossa música popular e outras manifestações da baixa cultura.

[6] Vale notar que nos EUA de 1985 cerca de 70 milhões de cidadãos dizem acreditar que a versão cristã, batista, do Livro seja história factual. Entre eles está o sorridente presidente Reagan, ainda que se suspeite que a atitude dele seja revanchismo – amável, como tudo de Reagan – de ter perdido o papel de Moisés para Charlton Heston, num "épico" de Hollywood nos anos 50.

[7] Marx é sempre sarcástico, às vezes em excesso, contra adversários, mas quando nota em *O Capital* (I), que o mecanicismo autoritário de Comte e colegas poderia ser usado para deduzir a "eternidade do feudalismo" faz explodir a vulnerabilidade anti-histórica do Positivismo.

[8] Logo convertida na sigla PEA. A mania de siglas esconde a vontade de desumanizar problemas, convertendo-os em sinais, assim como, sob o pretexto de simplificar as coisas, ocultá-los de quem não conhece o jargão elitista.

[9] O PC foi posto na ilegalidade por decisão do Supremo Tribunal Federal, neste ano. Um ato antidemocrático, motivado pela "enquadração" do governo Dutra ao ativismo anticomunista dos EUA, sob Harry Truman. Ainda assim, a história parece ter uma componente farsesca, a dar crédito à palavra respei-

tada de um ex-dirigente (e ex-comunista, ao escrever) do Partido, Agildo Barata, que, em memórias, afirmou que o voto que decidiu a cassação partidária poderia ter sido diferente, se Prestes levasse ao juiz o suborno combinado, na tradicional caixa de sapatos. . .

II. A Intervenção dos EUA

No golpe de 1964, a participação dos EUA é um fato. Dimensioná-lo não é fácil e só se pode especular, a menos que alguns dos líderes da quartelada se manifestem de público, o que é improvável, para dizer o mínimo. Não se entrega o leite, em política, um dos raros axiomas universais seguidos à risca pelos nossos políticos.

Lyndon Johnson, presidente dos EUA, em 1964, cumprimentou os autores do golpe, em 1 de abril, por terem preservado a democracia. É um baixo nível, mas técnico, para o consumo do público doméstico de Johnson, que parece acreditar, na maioria, que o governo em Washington favorece regimes democráticos, e não os autoritários. É "relações públicas", uma das pragas da época, que freqüentemente substitui ações ou decisões. Vivemos numa cultura de propaganda.

O governo dos EUA, num mundo ideal, daria preferência a regimes democráticos. Está na Constituição de 1787, ainda que a democracia representativa, *completa,* só tenha passado a existir nos EUA, na década de 1960, quando a Corte Suprema institucionalizou o voto proporcional.[1] Sempre defendeu um espírito de *liberdade*, o que é outra coisa, na prática anglo-saxônica de direito político e civil, e um conceito ainda por compreender num país com a nossa cultura, originária do absolutismo português e do feudalismo da Contra-Reforma.

No mundo real, os governantes dos EUA apóiam regimes que considerem "afins", estrategicamente ou por interesses econômicos. Todas as nações que tenham desenvolvido uma política externa fazem precisamente a mesma coisa, de acordo com o respectivo grau de percepção, de poder e de definição de objetivos.[2]

Washington considerava João Goulart o líder potencial de um desvio para a autarquia nacionalista, que terminaria sob influência soviética, caso o Brasil se desligasse oficialmente da esfera de influência dos EUA. É claro que o governo Johnson fez o possível para impedir esse desfecho. Invocou o espectro do comunismo. Teve uma razoável audiência de elite entre nossos militares.

Pelo menos até o governo Geisel o chefe do Estado-Maior do Exército do Brasil tinha o nome submetido ao Pentágono, para ver se aceitável dentro da estratégia dos EUA para a América Latina. Castello Branco foi descrito, em 1963, quando ainda comandante do IV Exército (Nordeste, etc.), como *our boy*, pela revista *Business Week*. Era o chefe do Estado-Maior sob Jango.

Sabemos hoje que Cyrus Vance, futuro secretário de Estado de Jimmy Carter, supervisionou do Pentágono a ação militar em 1964. Apesar de desmentidos vários, é certo que o embaixador Lincoln Gordon deu assentimento à derrubada de Jango.

A conspiração de que Washington participou mais ativamente se fixava na ESG, Escola Superior de Guerra, que visa a instruir oficiais superiores, alguns capitães de indústria e intelectuais seletos nas complexidades do conflito entre democracia e comunismo, e também formular modelos de defesa contra o inimigo externo e, internamente, receber e desenvolver subsídios que transformem o Brasil num país moderno e capitalista.

É uma cópia cabocla do War College, do Pentágono, que ajudou os militares dos EUA a entenderem melhor a transição da aliança com a URSS na Segunda Guerra à Guerra Fria. George Kennan, que colocou em letra de forma a doutrina do "contencionismo" do comunismo, o alicerce da chamada Doutrina Truman, escreveu que a inclusão do Pentágono na formulação da estratégia geral dos EUA teve um efeito desastroso nas políticas de Washington, pelas simplificações típicas da abordagem militar de todas as questões e o reforço que deu a políticos demagógicos à cata de votos que vêm da manipulação de propostas simplórias junto ao público. Kennan é um esnobe intelectual. Nem por isso o que tem escrito – incessantemente – sobre esse período do pós-guerra de 1945 deixa de ser útil à compreensão da história moderna.

A Doutrina Truman se propunha "ajudar povos livres que estão resistindo ao jugo tentado por minorias subversivas e sob pressões externas".[3] "Livres" incluíam as forças monarquistas na Grécia e na Turquia, em luta civil real ou ameaçada com as esquerdas rebeldes do pós-guerra. Era uma doutrina de intervencionismo total. Só perdeu bastante do embalo *militar* depois da derrota dos EUA na Indochina, em 1975.

Mais importante para nós é o desdobramento feito pelo War College para "fraternos camaradas" de farda em países subdesenvolvidos. Eles não podem, pela pobreza, "incipiência", ou "condição sócio-econômica", participar do conflito "frio" e "quente" com a URSS. Ao contrário do que possa parecer em boletins de propaganda, o Pentágono tem uma memória vívida da força do exército soviético na Segunda Guerra, que se manifesta freudianamente na ênfase que dá à força aérea e naval, em detrimento da terrestre (a OTAN vive de mísseis nucleares no local e nos EUA, e não de tropas); a última coisa que quer no mundo é o auxílio de estrategistas e combatentes tropicais.

Os exércitos na esfera de influência do chamado terceiro mundo devem, na concepção do Pentágono, manter a ordem interna. É, *ou era*, um "anexo" doutrinário adotado religiosamente pelos intelectuais da ESG, dos quais os mais brilhantes foram Castello Branco e Golbery do Couto e Silva, este último dado a transpor em prosa hieroglífica essas banalidades estratégicas, sem nunca lhes perceber todo o sentido na vida real.

Não que esse fosse, *em época alguma,* o pensamento dominante das Forças Armadas do Brasil. A ESG é um subproduto do Estado-Maior e bastante mal vista pela maioria do oficialato, especialmente o voltado ao comando de tropas, melhor conhecido no meio profissional como *troupier*, um resquício da influência que o exército francês exerceu sobre o nosso, pré-*débâcle* de 1940.

Era junto ao pessoal da ESG que circulava Vernon Walters, o adido militar dos EUA, agente, como todo adido igual, da DIA (Defense Intelligence Agency, o braço "secreto" do Pentágono), que, mais tarde, seria promovido à vice-diretoria da CIA e, hoje, à embaixada na ONU. A fama de hábil de Walters esbarra no comportamento dele em Watergate, quando, cumprindo uma missão de Nixon, que o empregara na CIA, meteu os pés pelas mãos; e no episódio das Malvinas, em que aparece, na versão do ditador argentino Galtieri, concordando com as ambições da Junta, o que teria "incitado" a ocupação das ilhas, trazendo a derrota da Argentina e a derrubada dos militares, que o presidente Reagan, patrão de Walters, cultivava e atraía à guerrilha contra os sandinistas na Nicarágua. Esses possíveis reveses de Walters não lhe abalaram o prestígio conspiratório no Brasil.

Sem confissões dos participantes, não há meio de se saber o grau de envolvimento da embaixada e militares brasileiros. Não é necessário.

O presidente Johnson se definiu oficialmente antes de dar parabéns aos que derrubaram Jango. No início de 1964, Thomas C. Mann, subsecretário de Estado para as Américas, emitiu nota dando preferência à "estabilidade" sobre "reformas" na América Latina.[4] Reformas trazem instabilidade social. Estabilidade, em países economicamente pobres, exige sempre força. Essa interpretação literal serve. Talvez seja preciso acrescentar que o predecessor de Johnson, John Kennedy, mostrara interesse em reformas. Chegou a descrever o Nordeste brasileiro como a "região mais crítica [em termos de miséria. P.F.] do mundo".

Os biógrafos liberais de Kennedy escreveram que ele se opôs à derrubada de Juan Bosch, na República Dominicana, em 1963, e de Arturo Frondizi, na Argentina, em 1962, ambos reformistas em comparação, ao menos, à alternativa que tomou o poder nesses países. No terceiro mundo, em geral, Kennedy deu algum auxílio a Sekou Touré, da Guiné, contra os colonizadores holandeses, e também mantinha relações cordiais com Sukarno, da Indonésia.

Não é essa a visão dos nossos nacionalistas de esquerda Vêem um Kennedy meramente oportunista que, em face do potencial de imitação do fidelismo na América Latina, do tipo de regime que Cuba tem a partir de 1959, tentou fortalecer correntes e grupos que pregassem o reformismo enganador e de fachada, melhor representado pelo Partido Democrata Cristão de Eduardo Frei, no Chile, pré-Allende e Pinochet, como mais um breque ao levante popular no continente, que é inevitável a longo prazo, quando o mundo se tornar socialista.

Pode até ser que Kennedy tenha pretendido isso. Nunca saberemos o que se passou na cabeça dele. Nosso julgamento tem de ser restrito ao conhecido e ao *demonstrado*. É provável, por exemplo, que os próprios comunistas chilenos prefiram, em particular, um regime como o de Eduardo Frei, a Pinochet, já que Frei lhes garantia considerável liberdade de atuar no país, ainda que o PDC, "em última análise", sirva à reação, ou o que o PC entende pela palavra.

É verdade que Kennedy não só autorizou a tentativa de derrubar Fidel Castro pela força na baía dos Porcos, em abril de 1961, como, depois do fracasso, o irmão dele, Robert, ministro da Justiça, tenha sido encarregado de montar uma "guerra secreta", pela CIA e quejandos, contra o comunismo fidelista, cujos excessos foram revelados por uma comissão do Senado e outra da Câmara dos EUA, em 1974.

Não pode haver dúvida que Kennedy se opunha à comunização, ou, se preferirem, libertação de qualquer país na órbita de influência de Washington. A Doutrina Truman é a folha de parreira de uma política externa agressivamente intervencionista, de resto já prenunciada, em relação às Américas, a partir da Doutrina Monroe, em 1823, e até *sonhada* por Thomas Jefferson, nos fins do século XVIII, quando ele – que escreveu sobre o assunto, envergonhado – dirigia olhares gulosos à Cuba espanhola, "uma jóia na nossa coroa", etc.

A questão, me parece hoje, é de grau e de flexibilidade dentro das limitações da estratégia dos EUA. Kennedy, como Franklin Roosevelt antes dele, e Jimmy Carter depois, tinha vontade ao menos de mitigar os rigores de regimes que apoiavam, cuja justificativa ideológica é um mero anticomunismo que nem de leve esconde uma realidade social que viola a concepção de liberalismo que está entranhada, junto a outras coisas menos admiráveis, nas instituições e tradições *dominantes* dos EUA.

Esses políticos talvez tenham pensado que regimes cuja única ação real é a força bruta são não só anti-humanos, como, em última análise, sem aspas, tendem a libertar-se também pela força ou por outros meios, quando manifestarão um profundo ressentimento contra a grande potência que auxiliou o autoritarismo anterior. Não é uma boa perspectiva para os negócios dos EUA.

O fato é que o já citado Robert Kennedy se opôs abertamente à indicação de Thomas C. Mann ao cargo de subsecretário de Estado para as Américas, o que deixou claro em entrevista na época ao *New York Times*. Viu em Mann um símbolo do abandono da política reformista do irmão e uma volta ao autoritarismo latino-americano sob os auspícios dos EUA. Deixando de lado por um minuto esse jogo algo adolescente de adivinhar quais as intenções reais dessa ou daquela pessoa, Robert acertou na mosca.

Nós, na esquerda brasileira, vimos um sinal verde para o golpe militar. E talvez ajude um pouco a esclarecer esse ponto menor da controvérsia sobre a diferença entre o reformismo de Kennedy e o pró-autoritarismo de Johnson, se eu contar aqui uma conversa que tive com Augusto Frederico Schmidt depois do golpe. O poeta, um fero anticomunista, desapontado como tantos outros pelo remédio militar contra o vírus janguista, admitiu que era verdade o que eu tinha escrito dele, em 1962, que, em Washington, no governo Kennedy, sondou algumas personalidades sobre a recepção que dariam a um golpe militar que corrigisse o "desacerto" que se criara no Brasil pela renúncia de Jânio Quadros, em 1961. Schmidt se confessou "mal recebido". Em 1964, as falas foram outras.

Longe de mim a idéia de pintar Johnson como o vilão dominante desse nosso desvio histórico. Johnson é uma figura complicada. Em política interna cumpriu muito mais a agenda liberal, bastante admirada no Brasil, do que o próprio John Kennedy, de quem foi herdeiro malquisto pelos íntimos do presidente assassinado em novembro de 1963. Nenhum outro presidente dos EUA promoveu tanto os direitos civis de negros e outras minorias, ou estendeu tanto a bolsa pública aos destituídos. Em outras circunstâncias históricas talvez se tivesse mostrado menos intolerante com outro vice-presidente levado ao poder sem que fosse a primeira escolha do eleitorado, João Goulart.

A verdade é que o golpe de 1964 não teve assistência dos EUA por motivos *especificamente americanos*, isto é, decorrentes de crise no continente. Foi um subproduto da estratégia de Johnson na Indochina, da obsessão dele em impedir que a China, usando os comunistas vietnamitas, tomasse conta, por procuração, de todo aquele subcontinente e expandisse, em conseqüência, o poder soviético ao Pacífico. Este é, depois da Europa ocidental, a zona de maior importância estratégica para os pensadores da Guerra Fria, que Johnson, rapaz do interior texano, essencialmente um capiau que subiu na vida, ouviu com atenção de devoto ao clero.

Em face do que sabemos hoje das relações sino-soviéticas, ou por falar disso, das relações sino-vietnamitas, a preocupação de Johnson pode parecer incrível, ou incrivelmente ridícula. Seja como for, esses são os fatos, que qualquer pessoa confere numa leitura atenta dos "documentos do Pentágono", a mais completa e exata história da escalada e derrota dos EUA na guerra da Indochina, entre 1965 e 1975. Na "guerra e meia" que os estrategistas de Washington se preparam sempre para lutar, o Vietnam se tornou a "meia" exclusiva, tudo mais sendo reduzido a plano secundário.

Considerem que esses estrategistas se pautam na premissa de que a URSS lidera diretamente todo movimento insurrecional, ou que tende a liderá-lo se os EUA perderem o poder em qualquer região do mundo. Não importa o que pensemos dessa perspectiva submetafísica, ou que seja contrastada por viravoltas como que a China hoje seja chamada em Washington de "carta" a jogar contra o expansionismo soviético-vietnamita no sudeste da Ásia, que substituiu a combinação prévia, soviético-sino-vietnamita. A idéia de que a URSS quer conquistar o mundo sempre emerge intacta de toda a fragmentação pela realidade da cena mundial, aparecendo nos mais inesperados lugares, de Manágua a San Salvador.

Com o investimento que pretendia fazer na Indochina, Johnson queria duas coisas: impedir a abertura de outras frentes de combate no terceiro mundo e não aumentar provocações diretas à URSS. Foi Johnson quem iniciou o processo de controle de armas nucleares, em 1967, que tolerou o achatamento soviético da reforma comunista na Tchecoslováquia (1968), mantendo um silêncio até hoje inexplicado oficialmente durante 12 horas depois que o Exército Vermelho apareceu em Praga, e, mais importante, que desarmou a "guerra secreta" de Kennedy[5] contra Cuba, já considerada irreversivelmente satélite da URSS a partir da confrontação americano-soviética em outubro de 1962, quando Kennedy conseguiu a retirada de mísseis soviéticos de Cuba em troca de não invadir a ilha.

Em suma, Johnson podia coexistir com uma "frente de combate" já resolvida em favor da URSS, Cuba, mas não admitiria o tumulto sob Goulart num país grande nas Américas, ou a possível esquerdização real da Indonésia sob Sukarno.[6] A nota de Mann, de janeiro de 1964, oficializou essa postura. Deve ter sido complementada pela conspiração de Walters e de outros agentes, pelo dinheiro grosso que já há alguns anos era distribuído à imprensa e políticos, em nome da democracia,[7] e, claro, a ativação de empresários brasileiros e outras camadas que se sentiam em perigo sob o populismo janguista e as propostas revolucionárias de Leonel Brizola. Abaixo veremos do que se tratava.

A participação do governo dos EUA e de empresas particulares, nacionais e estrangeiras, não está em dúvida. No governo Kennedy, que não chegou a assumir o imperativo estratégico de Johnson na Indochina, limitando-se a uma intervenção marcada por avanços e recuos, a paciência com Jango em Washington já caíra a zero, em 1963. Violando a constituição dos EUA, Kennedy distribuiu auxílio a governadores hostis ao governo eleito do Brasil, a gente como Adhemar de Barros (São Paulo), Carlos Lacerda (Rio, então Guanabara) e Magalhães Pinto (Minas Gerais), negando-o ao poder federal, em Brasília. O objetivo era, na mais caridosa das hipóteses, facilitar a pressão estadual contra a presumida esquerdização de Jango-Brizola.

Seria despropositado recapitular em detalhe a história do intervencionismo dos EUA. Como a Coca-Cola, é uma das bandeiras do país, implantada por bem ou por mal desde a anexação das terras mais férteis do México (a Califórnia atual incluída), em 1848. No golpe de 1964 o esclarecedor é definir a medida, a influência e os resultados visíveis da intervenção.

Não é minha opinião que tenha sido decisiva. Indispensável, talvez, dada a indiscutível dependência do exército brasileiro, e do pensamento militar em geral, do Pentágono. Sem a anuência do governo dos EUA é possível que os conspiradores "fossem levando" Jango até 1965, quando haveria eleições presidenciais, e os mais fortes candidatos, Juscelino Kubitschek e Carlos Lacerda, não inspiravam cuidados de que subvertessem a ordem tão prezada pelos militares, patronos e aliados.

Há toda uma mitologia sobre o golpe de 1964 que não resiste a uma análise séria. O suposto dirigente do movimento, Castello Branco, chefe do Estado-Maior do Exército, admitiu em entrevista a *O Estado de São Paulo* (uma série de entrevistas), ao sair do governo, em 1967, que o general Mourão tinha descumprido ordens ao acionar a revolta armada contra Jango, na noite de 31 de março de 1964. Também insistiu em que só conseguiu adesão da maioria de militares, pré-golpe, sob a promessa de que o regime democrático seria mantido. Isto é, o objetivo era a remoção de Jango e outros subversivos, e não a de estabelecer um governo ditatorial. Por que haveria Castello Branco de mentir sobre e *contra* as versões de que o golpe tinha sido uma revolução cuidadosamente planejada e executada? É plausível acreditar nele, no caso.

NOTAS

[1] Permanecem resíduos oligárquicos. Há dois senadores por estado, o que obviamente não é proporcional às respectivas populações e garante que os menores membros da União tenham poder numérico excessivo neste corpo legislativo. Já na Câmara é "uma pessoa, um voto".

[2] A perda da "Província Cisplatina", o Uruguai, em 1827, e o conseqüente e pedestre intervencionismo do Brasil no país, não atraem muita atenção crítica dos nossos historiadores, para dizer o mínimo. Da mesma forma o massacre de cerca de 80% dos homens paraguaios, na guerra de 1864-70, somado ao fato de que ocupamos a terra deles até 1876, "não são culpa nossa", e, sim, do ditador paraguaio, Solano Lopez.

[3] É até hoje o pilar do intervencionismo dos EUA no mundo não-comunista. Reagan simplificou-a, em 1985, sem elaboração idealista, declarando que o papel dos EUA é combater o comunismo onde apareça.

[4] Em conversa comigo, ao telefone, Mann, hoje aposentado, no Texas, negou terminantemente minha interpretação. É sabido que Gordon e Walters também se dizem inocentes do golpe de 1964.

[5] Pouco antes de morrer, admitiu em entrevista a Walter Cronkite, em TV, que Kennedy tinha organizado até a máfia contra Fidel Castro, pelo irmão Robert, ou "iniciativa" da CIA. Esse trecho da entrevista terminou não indo ao ar, mas Cronkite revelou-o à imprensa escrita.

[6] Neste golpe, em 1965, o novo ditador, Suharto, presidiu um massacre estimado em 700 mil a um milhão de pessoas, contando com apoio ostensivo do Pentágono e, no mínimo, o silêncio omisso da Casa Branca. É verdade que o golpe começou como contra-golpe. Jovens oficiais de extrema esquerda se rebelaram em nome de Sukarno, prendendo Suharto, chefe do exército. A reação foi violenta e mantém até hoje o país como um dos mais ativos estados policiais do mundo.

[7] Entregue a grupos como IBAD (Instituto Brasileiro de Ação Democrática) e IPES (Instituto de Pesquisas e Estudos Sociais), com contribuição marcante do grande capital brasileiro.

III. A Marcha do Golpe

Há várias incógnitas que por motivos contraditórios não fazem parte do folclore de 1964. Por mais estruturada a conspiração, ninguém podia prever a reação de Jango ao levante. Eu próprio ouvi, ao telefone, em 1º de abril, o general Ladário Telles, comandante do III Exército, no Rio Grande do Sul, dizer que tinha plenas condições de resistência e que contava com 70% da guarnição, que é a mais numerosa e uma das melhor equipadas do país. Em 1961, o simples fato de que o comandante do III Exército, general Machado Lopes, se opôs ao golpe contra a posse de Jango, depois da renúncia de Jânio Quadros, levou os chefes militares em Brasília e no Rio a procurarem uma solução de compromisso, que resultou na introdução do parlamentarismo, mas garantiu a lenta chegada de Jango à presidência.

A diferença entre 1961 e 1964 é que Machado Lopes e oficiais atuavam num vácuo temporário de poder. Jango estava fora do país quando se rebelaram contra o golpe. Brizola é que o representou, por conta própria, em 1961, cuidando de agitar a opinião pública civil em favor da posse, o que tentou também fazer em 1964. Jango estava no Rio Grande do Sul da última vez e recusou a oferta do general Ladário Telles de ordenar e dirigir o que seria uma guerra civil. Digo "seria" porque a relutância de militares brasileiros de atirarem uns nos outros não pode ser exagerada. Pelos precedentes, o provável é que se Jango fincasse pé, o "deixa disso" típico da nossa história mais uma vez se afirmasse.

A História é escrita pelos vitoriosos e essa versão hipotética de 1964 é veementemente negada por condestáveis do golpe. As hesitações e vaguezas sugeridas nas entrevistas de Castello Branco a *O Estado de São Paulo* são postas de lado, sem qualquer dúvida aparente. O fatalismo que herdamos da Contra-Reforma católica e a "inevitabilidade" herdada do Positivismo servem de selo e lacre ao fato consumado.

Ninguém explica a inação de generais e coronéis notoriamente ligados a Goulart no I Exército, o único a dispor de equipamento relativamente moderno, derivado da OTAN. Seriam todos conspiradores apesar das profissões de fé, públicas, em muitos casos, em contrário? Ou muito menos se analisa a passividade, a inércia desinteressada, de várias divisões, das quais a de maior relevância, porque a mais poderosa, é a da blindada do mesmo I Exército. Por que não entraram em ação, a favor ou contra, no Rio, na época a praça militar decisiva? Indiferença aristocrática? É pouco provável. A adesão de última hora dos generais Kruel (II Exército) e Justino Alves (IV Exército) é deduzida de que teriam sido postos "contra a parede" por coronéis insurrectos. Não é o que o comportamento público dos dois, de Kruel, em particular, sugere. Kruel se ofereceu, sem sucesso, como candidato das "forças populares" na eleição do Congresso que fez de Castello Branco o presidente, em abril de 1964. Não foi o exército que o rejeitou, ou impediu, e sim os caciques dos partidos políticos, então crentes em que Castello Branco garantiria a democracia, ou seja, a eleição presidencial de 1965.

A trajetória de Jango naqueles dias permanece misteriosa. Em nenhum momento tentou assumir uma rede de rádio e televisão e apelar ao povo e outros aliados, militares e políticos, para que resistissem ao golpe. Era sabido que a guarnição revoltosa de Mourão, em Minas, numa região militar comandada pelo general Silvio Guedes, outro rebelde, não tinha grande poder. O próprio Mourão, mais tarde, convertido em oposicionista (amador e teórico) do sistema de 1964, confessou que ao primeiro tiro ele e oficiais ficariam sozinhos na estrada, já que comandavam recrutas verdes e dispunham de equipamento primitivo. O governo estabelecido por Magalhães Pinto, em Belo Horizonte, se apoiava *talvez* na polícia militar do Estado, que, na tradição dessas corporações, tem experiência apenas em marginais menores. As tentativas de Magalhães Pinto de "dar ordens" a Mourão e Guedes foram recebidas com hilariedade pelos militares.

Não é meu objetivo contestar que houvesse repúdio militar a Jango ou que esse sentimento tenha sido irrelevante ao desfecho de 1964. Sabemos da sede com que generais como Costa e Silva foram ao pote. Sabemos ainda que se recusaram a aceitar que um civil, Ranieri Mazzili, o presidente da Câmara, melhor conhecido como "modess" (para evitar derramamento de sangue), assumisse interinamente a presidência e convocasse eleições pelo voto popular. Minha dúvida, minha *pergunta*, é: o que aconteceu com Jango?

Depois de recusar a sugestão de Ladário Telles de que resistisse pelas armas, o presidente se retirou para uma fazenda que fica parte no Rio Grande do Sul e parte no Uruguai. Essa "linha divisória do gramado" não cria uma lembrança simpática do ex-presidente. Ele sairia do Brasil em 2 de abril. O que fez na noite de 1 de abril? Temos apenas o testemunho do ex-chefe da casa militar de Jango, general Assis Brasil, que o acompanhava. Brasil disse que o presidente (ainda) cozinhou uma "dobradinha deliciosa" para os dois, único ato conhecido de Jango antes que desaparecesse na História, já que morreu antes que os direitos civis fossem parcialmente restabelecidos em 1979.

A impressão que sempre tive do golpe de 1964 é que o governo Jango caiu de podre, o que permitiu que vários grupos militares hostis a ele, com o inevitável coro da classe média assustada em face do comunismo e corifeus empresários, ocupassem o espaço auto-esvaziado pelo presidente, e, claro, que alguns militares, mais ágeis nas futricas do poder, terminassem assumindo o controle do país.

Não sei o que aconteceria se Jango tivesse resistido em 1964. Ninguém pode saber. De certo só há que a hostilidade militar e política ao governo ganhou corpo em Minas Gerais e o presidente não reagiu ou sequer permitiu que reagissem em nome dele. Retirou-se da cena política, o mais discretamente possível. O vácuo foi ocupado, como de costume, seja na natureza ou na sociedade.

Notem que nada sobrou do "governo" de Magalhães Pinto, ou dos generais que iniciaram a revolta, Guedes e Mourão, ou sequer dos que aderiram à última hora, como Kruel e Alves. Apareceu um general que nem comando tinha, mais conhecido do público turfista, Costa e Silva, que assumiu o Ministério do Exército, alegando ser o "mais velho" na ativa. E, claro, o grupo ESG tinha um representante no centro dos acontecimentos, o chefe do Estado-Maior do Exército sob Jango, o general Castello Branco. Este foi eleito pelo Congresso graças ao civil Juscelino Kubitschek, ex-presidente e líder real do maior partido do país, o PSD. Havia outro candidato, o Marechal Eurico Gaspar Dutra, proposto pelo civil Carlos Lacerda, a princípio endossado também por Juscelino, até que este, num episódio ainda obscuro, deu preferência a Castello, fiado na fama deste de ser um dedicado democrata, que garantiria a eleição presidencial de 1965. Castello cassou os direitos políticos de Juscelino por dez anos, em 1965.

Nenhum desses acontecimentos sugere elaboração "revolucionária", ainda que também em revoluções reais, como a francesa e a soviética, o imprevisto e o inesperado modifiquem os mais cuidadosos programas. Hoje é evidente que em 1964, ou assim me parece, vários grupos se beneficiaram da incapacidade de Jango se provar líder. Esta incapacidade não é discutida pelos herdeiros do deposto por motivos táticos. "Cai mal" alertar o eleitorado para a fraqueza do último presidente votado pelo povo, ainda que em plebiscito,[1] porque tal fraqueza poderia ser estendida aos aspirantes a sucessores de Jango. Logo se criou toda uma mitologia sobre as virtudes heróicas do ex-presidente, que até um programa teria, em algumas versões. É preferível crer que o golpe "veio de Washington" e que desalmados reacionários impuseram um governo detestado pela maioria do povo.

Na primeira etapa, a ESG emergiu vitoriosa, com Castello Branco na presidência. Certamente tinha a boa vontade da embaixada dos EUA. O governo Castello Branco recebeu de auxílio quatro bilhões de dólares. [2] O senador democrata Frank Church, que presidiu comissão parlamentar que investigou o Brasil (1971), declarou ser esse o maior programa civil de Washington, depois do da Índia.

Daí a atribuir o golpe e Castello Branco apenas à embaixada dos EUA vai um salto de imaginação que nenhum analista sério pode empreender.

Castello Branco foi eleito por Juscelino Kubitschek, a conselho de "raposas" como San Thiago Dantas, Tancredo Neves, Antonio Balbino e, decisivo, Negrão de Lima. Este era compadre de casamento de Castello Branco, de quem recebeu garantias democráticas, impossíveis de se concretizarem sob outro presidente, militar ou civil.[3] A primeira sugestão de que o marechal Dutra fosse o escolhido tinha partido, como já notado, de Carlos Lacerda. Acontece que Lacerda e Juscelino eram inimigos notórios. Muita gente na época supunha que Lacerda fosse o herdeiro natural do golpe. Ele pregava uma solução semelhante desde 1953 (no mínimo). Era o mais destacado líder civil da corrente que se opunha ao getulismo, dominante no Brasil, em diversas encarnações, desde 1930. Fazia sentido a suspeita das "raposas".

Foi esquecido nisso tudo, aparentemente, que esse Dutra tinha sido presidente em 1946-50 e que, apesar de autoritário por natureza, ingênuo, em economia, e de um passado cúmplice da ditadura do Estado Novo, fez algo único na história política do país. Cortou um ano do próprio mandato, deixando o governo em 1950, entregando-o sem qualquer conflito militar ao sucessor eleito pelo voto, Getúlio Vargas. Dutra era um anticomunista sem papas na língua. Fechou o PCB em 1947, mas legalizando essa decisão pelo Supremo Tribunal Federal. Parece ter adquirido o gosto pela democracia representativa. Em 1964 estava velho, sem ambições conhecidas, exceto conciliar uma sociedade tumultuada incessantemente desde 1961, desde a renúncia de Jânio Quadros. Na última ocasião que eu soube dele, em 1966, fez questão de declarar que se opunha à ditadura militar, numa junta eleitoral em que votava, em Ipanema.

Se o PSD tivesse votado nele na eleição parlamentar que deu vitória a Castello Branco, em 1964, não é crível que o exército lhe negasse posse ou lhe contestasse a autoridade. Não se conhece um único episódio em que a autoridade de Dutra fosse desafiada por companheiros de farda, quando ministro da Guerra, no Estado Novo, ou presidente em 1946-1950.

Já o "inevitável" Castello Branco foi atacado praticamente todo dia de governo, de abril de 1964 a março de 1967. Generais e coronéis usavam a imprensa – bastante livre, ao contrário da lenda, e excetuados pequenos órgãos esquerdistas ou anarquistas que foram perseguidos – para criticarem políticas oficiais. Ficou logo claro que entre ele e o general Costa e Silva, ministro do Exército, havia uma rivalidade profissional e pessoal que transcendia divergências políticas. A ala civil do golpe se sentiu frustrada nas ambições e conspirava às claras contra o regime, uns querendo "fechá-lo" em benefício próprio, outros propondo "abri-lo". Lacerda iniciou uma luta rasgada contra o presidente e ministros principais, Roberto Campos e Gouvêa de Bulhões.

Não há dúvida que a maior parte dessas brigas escondia apenas a fome de poder de pessoas ou grupos. A maioria dos militares da cúpula estava na linha dos colegas de farda que começaram abertamente a contestar a hegemonia civil em 1868, no segundo "império", e, desde então, o espectro da ditadura militar é sempre visível, se encarna na Proclamação da República e, quando volta a ser ectoplasma, está sempre presente e à mão, que morde com freqüência.

Há sempre esse ou aquele pretexto, em geral alguma teoria de ordem violada pelos civis, mas a causa dominante desse ascenso ditatorial é que os militares têm armas e os civis não têm. Num país que nunca desenvolveu uma sociedade em que leis ganham alguma consistência nada mais natural que os fisicamente mais fortes dominem a tapa os mais fracos.

Não é isto uma condenação em bloco do militar por ser militar, como se fosse uma conseqüência maldita e permanente do investimento da farda no ser humano. Há nações em que o militar é um profissional integrado na sociedade e respeitoso das leis, e no próprio Brasil selvagem temos episódios em que o exército, a corporação dominante, reforçou o que a maioria das pessoas informadas chamaria de poder popular. O exército deu posse a Juscelino Kubitschek em 1955 e a João Goulart em 1961. O exército entregou o poder a Prudente de Moraes Barros na Velha República. O marechal Lott se ofereceu a Jango em 1964 para restabelecer a ordem civil e democrática, se nomeado ministro do Exército. E não tenho dúvida de que o Dutra de 1964 organizaria a eleição de 1965, sem que o país fosse arrastado a 20 anos de ditadura.

É verdade que, em todos esses episódios, os militares que impulsionaram o que chamarei de liberalismo, enfrentaram a oposição dos próprios companheiros de farda, mas isso também não é toda a história. Grupos civis, influentes porque são ricos, ou persuasivos por esse ou aquele motivo, usaram e abusaram dos militares para que os ajudassem a tomar o poder. A idéia de uma sociedade organizada em leis e consenso público nunca penetrou fundo na mentalidade brasileira. Nossas origens culturais são autoritárias e nenhum movimento político tentou sequer uma revolução a exemplo da francesa, em que os homens "reduziram a pedaços a base feudal e deceparam as cabeças feudais que sobre ela haviam crescido". O Brasil, de "império" a república, à "revolução de 1930", à democratização de 1946, à suposta "nova república" de 1985, nunca experimentou coisa alguma remotamente comparável ao 1789.

É tolice, em conseqüência, ver na embaixada dos EUA a fonte e origem do sistema de 1964. Este foi muitas coisas, tantas, em verdade, que talvez não seja possível uma síntese histórica, mas *made in Brazil*, indústria nacional.

Em 1985, algumas das piores expectativas da embaixada sobre Jango foram realizadas pelos que o derrubaram. O estatismo se tornou opressivo, dominando, na palavra do *The Economist*, 56% da nossa economia. Não haveria, nessas nomeações, em projeção aritmética, tantos pelegos do janguismo quanto há oficiais reformados e dependentes que formam os quadros das estatais.

O *Brazilian dream* de Linhares emergiu, no período 1964-1984, em dimensões inimaginadas, e pretensioso, "dono da verdade" nacionalista, contra o "imperialismo". Foi excluída apenas a demagogia socialista dos derrotados de 1964, mas, como notado antes, a preocupação dos EUA é menos com comunismo, termo genérico e vulgarizado à ininteligibilidade, do que com autarquia, o domínio do "Estado-empresário", na frase de Roberto Campos.

A transição do governo Castello para esse Estado foi encoberta por crises ostensivamente políticas e a habitual falta de clareza com que o debate público se processa no país. Eleições convocadas pelo presidente, *dentro da lei,* nos Estados da Guanabara e Minas Gerais, deram vitórias a figuras do outro regime, gente dócil ao comando militar, sem vôo próprio. Isso foi interpretado como uma volta ao passado nefasto por grupos militares e civis que se ressentiam da exclusão do poder, este reservado à claque de Castello na ESG. Grande agitação. Tanques, mais uma vez, ameaçaram descer da Vila Militar. São contidos à última hora pelo ministro do Exército, Costa e Silva, que assim corporifica a oposição fardada à presidência também fardada. Novo golpe dentro do golpe, já prenunciado pelo adiamento das eleições presidenciais de 1965, agora seguido de outras medidas punitivas que culminariam no Ato Institucional nº 5, que, em 13 de dezembro de 1968, oficializou a ditadura militar, sem mais floreios, ou, na palavra de Costa e Silva, "leizinhas".

Todo mundo falava do "processo revolucionário", que estaria ou não sendo traído, sem que fosse definido o que se entendia por revolução, exceto nas sucessivas cassações de mandatos políticos e direitos civis, de prisões em massa, tortura e assassinato de gente do pré-1964, e o único processo visível que se institucionalizou entre 1968 e 1976 foi o da violência sob absoluta censura. Os presumidos líderes civis do golpe foram sendo alijados um a um, ou se submeteram a papéis secundários (Magalhães Pinto), ainda que os representando com uma certa tenacidade histriônica, de que ainda há traços em 1985. . .

Os partidos de 1946, quem não tinha sido cassado ou se exilado, foram amalgamados em duas organizações sem qualquer coerência maior do que a rotulada de "governo" ou "contra", a que o povo, cujo humor parece inesgotável, apelidou de "partido do sim" e o do "sim, senhor". As elites de classe média, estudantis e intelectuais, chegaram a montar protestos em 1967 e 1968, que valeram como justificativa (qualquer uma servia)[4] do *ukase* da ditadura total no AI-5.

O drama algo farsesco de Carlos Lacerda ilumina a época. Era, repito, o mais brilhante líder civil dos grupos anti-Getúlio. Na *Tribu-*

na da Imprensa", ou na Câmara, fustigava com sucesso todos os líderes e propostas do populismo. Contribuiu bastante para a derrubada de Getúlio em 1954, que deu no suicídio do presidente. Nem o velho Dutra, em 1946-1950, lhe escapou das lanhadas. Chamava Juscelino de "perigoso radical" e esteve presente na tentativa político-militar de impedir-lhe a posse. No auge da agitação contra Jango, em 1963, desceu à vida familiar do presidente, em insultos. Tinha apoiado Jânio Quadros, em 1960. Meses depois o atacava furiosamente, e admiradores do renunciante acusam Lacerda de ser um dos principais responsáveis pelo que aconteceu.

Lacerda pregou sistematicamente a partir de 1954 uma "interrupção" do processo político pluripartidário, em que um regime de força reorganizasse o país criando instituições que garantissem a "verdadeira democracia", isto é, que limpassem o terreno das bases feudo-populistas do getulismo, dos currais eleitorais do PSD no interior e do domínio dos sindicatos operários por pelegos do PTB e do PC.

A crítica de Lacerda à substância eleitoral do país, nesses tempos, não é fácil de contestar. Nunca ficou claro é quem era essa força democrática oprimida que reestruturaria nossas instituições. É certo que o exército seria o fórceps da transformação. É permissível aqui um pouco de psicologia barata, que nem por isso deixa de ser salutar. Lacerda foi do PC. Aprendeu que é possível a um partido de vanguarda, o leninista, bolchevique, se substituir às massas proletárias, assumir o poder em nome delas e administrar-lhes a vida enquanto ganham consciência do seu papel histórico. Uma vez democrata e anticomunista não perdeu a crença nesse "substitutismo". A diferença é que designou o exército para o papel do PC, enquanto ele, Lacerda, e aliados mostrariam, na prática, no governo, ao povo o que estava perdendo ao ouvir a cantilena "comuno-petebista" entoada pelo getulismo.

A teoria do "substitutismo" temporário, na versão de Lacerda, sem que os pobres militares lhe sonhassem a origem leninista, foi adotada, na minha opinião, pelos oficiais pensantes de 1964. Até quando aboliram toda e qualquer pretensão de voto livre, ainda que pelo congresso expurgado de oponentes, os generais sempre insistiram nas *aparências* da sua própria transitoriedade no poder, realizando eleições de fancaria nos períodos prescritos e não admitindo o continuísmo pessoal.

Por motivos inexplicados à minha satisfação, Lacerda exibiu uma impaciência alucinada no período Castello Branco. Literalmente alucinada, pelo que se pôde ver, como membro do público, já que despejou insultos sobre o marechal, dos quais o mais divertido foi chamá-lo de "anjo da rua Conde Laje".[5] Um biógrafo honesto e com acesso a todos os papéis de Lacerda talvez possa desvendar as causas dessa atitude.

É sabido que no episódio da prorrogação do mandato de Castello, em 1965, ele não participou da pressão parlamentar[6] que impedisse esse desfecho. É possível que houvesse percebido a força da intenção dos militares no poder, ou à volta deste, de expandirem sem prazo fixo o regime de transição que pregara. O fato é que em 1967-68 já o vemos tentando articular uma frente ampla com os cassados Juscelino Kubitschek e João Goulart, visitando este no exílio do Uruguai.[7]

Lacerda terminou cassado e na cadeia, em 1968. Morreu em 1978, um ano antes da abertura política e anistia que lhe restituiria, em idade hábil, 62 anos, os direitos civis. Desapontou profundamente os seguidores de classe média exaltada, que lhe constituíam a base eleitoral, ao procurar Juscelino e Jango, que, mais do que ninguém, ajudou a desmoralizar junto a esse eleitorado.

O aspecto farsesco da frente ampla se reduz bastante se lembrarmos a formação ideológica de Lacerda no PC, para o qual alianças temporárias com os mais declarados inimigos do socialismo são rotineiras, se consideradas úteis, "em última análise", à causa do Partido. Mas Lacerda era uma pessoa só e não carregava consigo a convicção e ritos de um corpo doutrinário como o marxismo *à la* soviética.

É possível também ver a trajetória de Lacerda no período como um exemplo de vaidade frustrada que levou o portador à autodestruição. Ele suscitou tanto ódio que uma análise, ou tentativa de analisá-lo com realismo, é incomum, para dizer o mínimo. Ninguém lhe nega o talento. É um dos demônios da esquerda nacionalista do país.

Como o autor e propagador da cunha "comuno-petebismo" merece atenção. O que quer dizer isso? É a mistura de caudilhismo populista, que se manifesta pelo estatismo e corrupção dos costumes políticos e manifestações demagógicas de afeto ao povo.

É o que temos, em 1985, no início da "nova república". A bem da justiça, não era a intenção percebida do governo Castello Branco. Ao contrário, os ministros econômicos Roberto Campos e

Gouvêa de Bulhões, com pleno apoio de Castello e ESG, tentaram reforçar uma infra-estrutura que modernizasse o país nos moldes da economia dos EUA.

NOTAS

[1] Jango só assumiu o poder no regime presidencialista num plebiscito em janeiro de 1963. Ou seja, o governo dele durou um ano e dois meses.

[2] Em dólares de 1985, valor real, cerca de dez bilhões, jogados sobre uma base econômica bem menor do que a atual e sem que existissem os encargos acumulados nos últimos 20 anos.

[3] A velha conversa oligárquica, a que o público nunca tem acesso. No caso, Castello devia a Juscelino ter sido feito general. Ia passar à reforma como coronel, no governo deste mesmo Juscelino. O costume é que o Alto Comando submeta ao presidente da República os nomes dos coronéis que devem ser promovidos. O ministro da guerra, Lott, que deu posse a Juscelino, vetou a promoção de Castello por considerá-lo um ditatorial. Castello fez um apelo em carta ao presidente, provavelmente com apoio do mesmo Negrão de Lima (o elenco sempre varia pouco, no Brasil), e Juscelino se apiedou dele, promovendo-o.

[4] Em tempo, surgiriam organizações terroristas, compostas de jovens entusiastas desse ou daquele projeto revolucionário, ou da simples democratização do país, e de velhos dissidentes do PC que haviam aderido à formulação da "luta armada", que Fidel Castro, sob oposição do governo soviético, defendeu em toda a América Latina, de 1962 a 1968, quando se rendeu à linha de Moscou (marcando a adesão no discurso em que apoiou a derrubada do regime socialista-libertário de Dubcek, na Tchecoeslováquia). Esses movimentos anti-golpe assaltaram alguns bancos e raptaram embaixadores que trocaram, algumas vezes, por presos políticos. Foram suprimidos com violência, a tortura e morte institucionalizadas na época. A maioria dos jovens esteve exilada até a abertura a partir de 1979. A presença dessa pequena resistência armada serviu de pretexto a um aumento da repressão e concomitante corrupção pública, facilitada pela censura completa da imprensa no período 1968-1979.

[5] Uma rua do Rio que durante muito tempo foi um antro de bordéis e que tinha, no centro, a estátua de um anjo. Os bordéis seriam a "corrupção" do governo Castello, na versão de Lacerda, sem a participação pessoal do presidente, o "anjo".

[6] Essa pressão poderia ter decidido em favor da não-prorrogação, ainda que seja impossível, a essa altura, determinar como reagiriam os militares.

[7] Só não visitou o também exilado Brizola porque este se recusou a recebê-lo.

IV. A Gangorra Político-Econômica

Nos quase três anos de poder Campos e Bulhões modernizaram o saneamento tentado, nas medidas possíveis da época, por Campos Salles na Velha República. O custo de vida caiu, na progressão, em 50%. Pela primeira vez o país teve um *saldo* no balanço de pagamentos, tido como o índice mais saudável de uma economia capitalista, ao menos em teoria. O processo de capitalização, retomado do governo Juscelino, incluiu estímulos estatais à energia elétrica e transportes, à reforma – à criação real – do imposto de renda, o BNH, à expansão do BNDE. A inflação diminuiu muito de intensidade, o que também poucos de nós experimentamos em vida. A correção monetária foi instituída como estímulo à poupança, investimento e reinvestimento.

É argumentado que esses resultados foram obtidos nas costas das massas miseráveis, o que é perfeitamente correto. Não é lembrado que qualquer processo de acumulação de capital, de formação de produto excedente, que é a base da riqueza econômica, sempre foi historicamente feito com o sacrifício da maioria, o que os saltos de crescimento industrial da URSS, na década de 1930, demonstram, como explicam a origem *social* do terror stalinista. Em última análise, é uma questão de escolha de modelo, se é burocrático-coletivista, o que passa por socialismo, ou o misto de participação do Estado e de iniciativa privada que temos no chamado Ocidente. No Brasil, seja de que lado se argumente, é criticada a escolha em vigor – quando há, consciente, e não levada de cambulhão – sem que se defina a *necessidade* de escolha.

Nunca vi as críticas que merecem ser discutidas à gestão – curtíssima – de Campos e Bulhões. A principal é que partiram de um modelo abstrato de economia, dita "clássica", sem se dar conta das realidades históricas e sociais, em suma, culturais, do Brasil. Assim é que a infra-estrutura que fortaleceram e ampliaram no governo, visando a facilitar o maior ingresso e desenvolvimento do capital particular no Brasil, começou a adquirir vida própria e a ter filhos, com interesses criados da burocracia, que longe de promoverem a iniciativa privada, ficando no papel reforçador e secundário que lhes havia sido teoricamente designado, passaram a dominar nossa economia. Foi uma total "reversão de expectativas", para usar palavras do próprio Campos. Copiaram-lhe o mapa da mina e saquearam eles próprios o ouro.

Os "industriais do Banco do Brasil", que Campos tanto criticou e que o combateram, em nada mudaram de atitude. Ao contrário, valendo-se dos novos e maiores recursos do Estado, que as reformas de Campos e Bulhões propiciaram, os grandes grupos continuaram na prática da mentalidade do saque, do assalto, que não raro resulta em estouros, logo encobertos pelo próprio Estado, que intervém, refinancia a "operação" para ressarcir os logrados, e a passa adiante, ou a estatiza. Os investimentos a longo prazo, que o modelo concentrador traria, enriquecendo, primeiro, os ricos, para que, depois, pessoalmente saciados, reinvestissem, criando riquezas e empregos, é muito mais a exceção do que a regra.

É preciso repetir que por trás da formação econômica de Campos, moderna e realista, está o positivista, vulgo tecnocrata, que acredita ser possível a implantação de fórmulas matemáticas numa sociedade viva e cheia de contradições, que permanece apegada irracionalmente a seu passado cultural, irracionalismo que termina por vir à tona, o "retorno do reprimido", este, sim, inevitável.

Ainda assim é uma falcatrua intelectual que se perpetra contra a juventude de classe média, que é a *única* base das esquerdas, ou o operariado do PT, que procura um caminho de sobrevivência social, a negativa de que não há diferença *qualitativa* entre o Brasil pré-1964 e o que veio depois, ou pior, que "antes era melhor", que o janguismo tinha um porvir radiante abortado pelos autoritários militares e tecnocratas a serviço dos ricos.

As reformas de Campos e Bulhões não só estruturaram uma expansão industrial como beneficiaram e aumentaram a própria classe média, cujo nível de consumo, hoje, é incomparável ao de 1964. Não é que eles tenham "inventado" um Brasil novo. Essa simplificação é o reverso, essencialmente idêntico, da caricatura que deles fazem as esquerdas que querem implantar a autarquia nacionalista.

No governo Juscelino Kubitschek, de 1955 a 1960, já tinha havido um grande surto industrial, e num regime *democrático*, e, claro, carregando a concomitante inflação, que é usada para afastar a realidade econômica, numa primeira etapa, até que se torna catastrófica; o aumento da burocracia e fortalecimento da mentalidade autárquico-nacionalista; e investimentos privados, alguns produtivos e duradouros, outros puros e simples saques, promovidos pelo acesso a recursos públicos de grupos ligados ao governo.

Essas coisas acontecem todas, aparentemente, ao mesmo tempo, em nossa história recente, com gradações de ênfase nos setores que mais crescem e predominam. E há também, claro, as diferentes circunstâncias históricas.

Digamos assim, que para a maioria do povo o progresso sob o "desenvolvimentismo" de Juscelino parecia literalmente um milagre, o produto mágico de uma personalidade especial, uma mistura de pajé e cacique. Em 1964, já existia uma prosperidade maior e visível que se contrastava com a miséria majoritária, e esse contraste trouxe à tona políticos populistas que reclamavam mais alto e com maior audiência contra ele, propondo saídas políticas que também magicamente resolveriam as diferenças sociais.

Um misterioso incidente histórico trouxe essas forças a uma luta sem precedentes no passado: a renúncia de Jânio Quadros.

É preciso registrar como a História *parece* aos que atuam nela. Hoje somos quase todos "marxistas", no sentido de que a tendência intelectualmente dominante é ignorar aparências e propor definições e cursos de ação que seriam os reais, justificados por essa ou aquela teoria, enquanto que aquilo visto à nossa frente é tratado como superficial e desprezível. Campos não é o único, na tradição do Dr. Frankenstein, a criar algo que se torna bem diferente do que ele propunha e pensava ser.

Jânio Quadros teve cinco milhões e 600 mil votos na eleição de 1960, de um eleitorado de 12 milhões, e concorrendo contra dois candidatos, um populista por conta própria e em raia estreita, Adhemar de Barros, e outro, apoiado pela combinação PSD-PTB, o militar Henrique Teixeira Lott.

Foi a primeira vez desde 1934 que o feudo-populismo getulista perdeu uma eleição nacional e com margem que se não chega a ser majoritária, aritmeticamente, demonstrou uma pluralidade inequívoca. Nenhum outro candidato a presidente no período 1946-1960, de eleição direta, nem Getúlio em 1950, conseguiu tal dianteira, um terço do voto sendo considerado um *optimum*.

A vitória de Jânio parecia uma vingança geracional da gente que sempre se opôs a Getúlio e sucessores e respectivas políticas. Foi, nesse sentido, um teste conclusivo para os que acreditam na democracia representativa. Os partidos que apoiaram Lott dispunham dos currais de voto melhor organizados do país. É preciso lembrar que excetuando algumas concentrações urbanas, a maioria vota "de cabresto", em quem é indicado por chefetes políticos de vários tipos, muitas vezes sem sequer saber em quem, em troca de uma gorjeta, ou sob o chicote.

A UDN, que apoiou Jânio, também trabalha um "gado" eleitoral interiorano, mas nunca foi acusada de poder competir com PSD-PTB fora das grandes cidades. Logo, é difícil não concluir que a eleição de Jânio em 1960 era no mínimo uma tentativa da maioria consciente do país de tentar uma liderança diferente da conhecida entre 1930 e 1960.

Essa conclusão otimista perde um pouco da força quando consideramos a vagueza do programa do presidente eleito e sua inacessibilidade pessoal. Se alguém sabe o que se passa realmente na cabeça desse senhor é alguém de uma discrição que faz inveja aos mais devotados agentes da CIA e KGB. Jânio representava a redenção do Brasil contra o peleguismo petebo-comunista, na interpretação de Carlos Lacerda, e um "feiticeiro", na versão de Octavio Malta, comunista, tão inteligente quanto Lacerda. Parecia o que gente muito diferente quis ver nele.

Havia, claro, a "vassoura" contra a corrupção, o *slogan-persona* do candidato. A certeza de que todos os homens públicos e amigos são ladrões dos cofres do país é uma das raras partilhadas pelo público. Nem nossos marxistas, que deveriam, por definição ideológica, seguir o moto de Brecht, "o que é roubar um banco em comparação a um banco", escapam, na minha experiência, dessa obsessão, que é típica da Igreja contra-reformista, pré e anticapitalista. O que vem ao caso aqui é que Jânio prometeu passar uma vassoura nos corruptos. A imagem é banal, para sermos caridosos. Provou-se, não há a menor dúvida, muito atraente na eleição de 1960.

Se acreditamos que esse motivo, a anticorrupção, foi o único, ou o decisivo, na vitória de Jânio Quadros, o melhor é fecharmos o país para balanço, o que atestaria de vez nossa falência intelectual e material.

É preferível crer que houve outros, que boa parte do público via nele a possibilidade de estender ao plano nacional a administração competente que o tornara famoso no Estado líder do país, São Paulo. No meu círculo não profissional de relações, que, admito, não era amostra demonstrativa da população, havia um sentimento de que Jânio modernizaria melhor o país, e isto depois dos "50 anos em 5", a proposta de governo do antecessor, Juscelino Kubitschek. Ele nos livraria do dedo de chumbo da burocracia que vai das obrigações em cartório, à inépcia delinqüente da típica repartição pública, à lerdeza mofina, ao reacionarismo orgânico do Estado. Gente mais instruída e que viaja aos grandes centros do mundo sempre volta ao Brasil com a impressão de que estamos defasados no mínimo um século.

Sejam quais forem as causas da vitória de Jânio, significou uma mudança de espírito no que o digno adversário dele, Lott, chamava de "quadros constitucionais vigentes".

Havia um risco, nunca dantes levado muito a sério. A absurda lei eleitoral brasileira deixava que o público votasse separadamente no presidente e no vice, em vez de vincular um voto ao outro, o que, em caso de morte ou outro acidente, impediria que o eleitorado fosse submetido a uma mudança abrupta e indesejada de políticas.

João Goulart, companheiro de chapa de Lott, elegeu-se vice-presidente de Jânio, não porque o igualasse em voto, nem de longe, mas porque era o mais popular e melhor organizado dos candidatos a esse posto, que, em circunstâncias normais, limita o ocupante a funções meramente cerimoniais, ainda que lhe dê o direito sagrado de todo líder brasileiro, nomear parentes e amigos, parentes, etc. a síndrome Linhares, em suma.

Jânio diz que renunciou pressionado por "forças ocultas". Nada mais se sabe, ao certo. Há suposições das mais variadas.

Eu estava na redação de um dos jornais em que trabalhava, *Diário Carioca*, e me lembro que recebi a notícia da renúncia como um dos mil boatos inconseqüentes que fazem parte da onda receptiva de qualquer jornalista e que são postos de lado, ignorados.

Não havia razões que alguém sensato pudesse perceber. O governo, de concreto, tinha dado à luz a instrução 204, que admite o ingresso de maquinaria estrangeira como capital no Brasil, cuja utilidade ao desenvolvimento econômico é até hoje discutida, mas que só interessava a uma elite mínima, sem "inflamar" ninguém.

Em política externa, Jânio prometia restabelecer relações com a URSS e satélites; se opusera, muito discretamente, à intervenção falhada dos EUA em Cuba (abril de 1961). Também dava provas de curiosidade pela revolução cubana e, no último dia do governo, também "o dia do soldado", condecorou Ernesto Guevara, o que escandalizou muitos militares e políticos anticomunistas. Carlos Lacerda já o atacava na imprensa e onde pudesse, mas sem um décimo da energia que despendeu contra Juscelino, em cinco anos de governo deste.

A renúncia talvez seja importante a futuros historiadores quando reavaliarem a acuidade do desdenhado Lott, que, em campanha, declarou ser Jânio Quadros louco de hospício. Foi certamente decisiva em acionar o golpe de 1964.

Jango era o sucessor legal. Representava, pelo menos em espírito, tudo que Jânio tinha combatido em campanha. Os eleitores do presidente renunciante foram batoteados por uma lei estúpida, ou safada, ou as duas coisas.

A revolta na época em face da tentativa dos ministros militares de impedirem a posse de Jango, que terminou, junto com a rebelião legalista do III Exército, garantindo que a lei fosse mais ou menos cumprida, *à la* brasileira, obscureceu até hoje uma discussão dessa batota, que me parece muito mais fundamental ao golpe de 1964 do que Lincoln Gordon ou Vernon Walters. Diga-se de passagem que não se conhece qualquer reação definida do governo em Washington a essa crise de poder no Brasil, em 1961.

Jânio desmoralizou o já imperfeito e incompleto processo eleitoral do país. A idéia de poder civil eleito era e é nova entre nós. Oligarquias monopolizavam o que houve de parecido no "império" e Velha República. Getúlio subiu em 1930 num levante armado. Caiu em outro, depois de gerir uma ditadura de oito anos, em 1945. A eleição de Dutra foi tranqüila porque os dois candidatos possíveis eram oficiais superiores. Getúlio, eleito em 1950, sofreu um golpe militar. O exército impediu o presidente em exercício, Carlos Luz, presidente da Câmara que assumiu enquanto o vice de Getúlio, Café Filho, estava num hospital, e depôs Café alegando dar posse assim ao eleito Juscelino. Este cumpriu o mandato, mas antes enfrentou dois levantes militares, Jacareacanga e Aragarças, sem falar de ataques e pressões furibundas, de maneira alguma caracterizáveis como as de uma leal oposição, e, sim, de inimigos até a morte.

Ainda assim, a idéia do poder civil sobreviveu esses 14 anos de tumulto quase ininterrupto. Jânio Quadros destruiu essa precária estabilidade num gesto que se recusa a explicar.

É verdade que a Constituição de 1946 contém impedimentos oligárquicos ao funcionamento eficiente de um executivo modernizador. Basta citar que desrespeita o "uma pessoa, um voto", na escolha de parlamentares, garantindo aos estados menos populosos uma representação desproporcional ao eleitorado (o voto de um acreano vale o de 600 paulistas), o que assegura no mínimo um impasse em favor de forças retrógradas no Congresso, que travam tudo que perturbe a cruel pasmaceira medieval que infligem aos súditos.

Jânio andou falando de obter "poderes" especiais do Congresso, o que parece sugerir uma ditadura presidencial. O Congresso, dominado por PSD-PTB, recusou-se a discutir o assunto. Não é um motivo suficiente para que deixasse o país na confusão de que até a data de redação deste livro ainda não nos livramos.

Jango foi uma figura apagada na nossa história que só se ilumina pelos refletores de uma típica novela de televisão, um gênero de entretenimento que por sinal é marcado pelo sentimentalismo populista, em que cinderela sempre encontra um príncipe.

No governo dele se teve o máximo de liberdade individual já experimentado no Brasil, ou seja, o máximo, ponto, porque os precedentes são bem conhecidos. Era uma pessoa afável e, sem dúvida, acreditava que reformas melhorariam a vida da maioria dos brasileiros. Reformas, e não revolução. Nunca as definiu com precisão. Uma vez que o assunto interessa tanto ao público talvez seja conveniente mencionar, antes de criticá-lo, que se revelou um dirigente mais probo, possivelmente, do que muitos dos sucessores. Os diversos inquéritos militares sobre a vida dele, depois de 1964, nada apresentaram que o incriminasse.

V. A Ascensão e a Discreta Queda de Jango

Jango foi colhido pela fama da noite para o dia quando, ministro do Trabalho de Getúlio, em 1953, dobrou o miserável salário mínimo da época, o que trouxe em cima dele as fúrias dos que não admitem da parte do governo, qualquer um, atos que pareçam beneficiar as duas categorias de pobreza citadas pelo relatório do EMFA. Hoje a correção em 100% do salário mínimo é tão rotineira quanto o Brasil ter embaixadores no mundo comunista, e este, no Brasil. Castello Branco, no auge do fervor "revolucionário" de 1964, não desfez o reatamento de relações do Brasil com esses países, que tanto barulho deu nos governos Jânio e Jango. Da mesma forma, dobrar, em 1985, o salário mínimo, o que é esperado a prazo fixo, em 1953 provocou até um manifesto insubordinado de coronéis, que não foram punidos, animando-os a maiores atos de indisciplina. Jango caiu pela primeira vez.

Qualquer desvio de rotina na taba provoca reações violentas de susto nos caciques e asseclas.

Jango, célebre de repente, desapareceu de cena. Sabemos de reações corajosas, de Tancredo Neves e de Alzira Vargas do Amaral Peixoto, no motim militar de 1954, e covardes, do general Zenóbio da Costa (ministro do Exército). Nada se sabe da atitude de Jango.

Ele emergiu do golpe de 1954 como herdeiro escolhido a dedo por Getúlio, o "pai dos pobres", filho, ainda que não fosse parente do presidente morto, e iniciou a carreira de vice-presidente, elegendo-se em 1955 vice de Juscelino. Nos cinco anos seguintes se requer uma intensa pesquisa de arquivo, ou talvez mais profunda, para descobrir o que fez de relevante. Nem Carlos Lacerda, que patrulhava, na imprensa e Câmara, as atividades do getulismo, parece ter encontrado um estopim que pudesse acender.

Em 1960, Jango pressentiu a vitória de Jânio, porque, em vários estados, foi feita uma campanha "Jan-Jan", juntando de maneira tipicamente boçal os dois nomes, sem que se saiba Jânio houvesse autorizado a ligação. Eleito vice, com a renúncia de Jânio, Jango se viu diante do poder.

Os ministros militares, o Alto Comando, se opuseram à posse de Jango, até que houve a já referida revolta do III Exército e conseqüente solução parlamentarista, que durou um ano e quatro meses (setembro de 1961 a janeiro de 1963), com a volta do presidencialismo em 1963 e, em 1964, o golpe.

O Alto Comando queria declarar a presidência "vaga" e fazer novas eleições. Violaria a constituição, sem dúvida, mas os militares exigiram que o Congresso se manifestasse oficialmente, sob espada, o que legalizaria o golpe.

Em retrospecto, a proposta, em si, não parece absurda. É preciso lembrar que o eleitorado tinha escolhido Jânio Quadros, e que só a aberrante lei eleitoral permitiu que Jango ganhasse a vice-presidência. Não se sabe, porque nunca pesquisado, quantos dos admiradores da "vassoura" contra o getulismo gostariam de ver o "lixo" substituir a "vassoura".

Os militares são o que são, membros típicos da elite brasileira, e a ninguém consultaram, nem, aparentemente, a todas as guarnições. Impuseram censura à imprensa, fechando assim uma das arenas raras de debate no país. Irritaram os barões do jornalismo. Limitaram-se a proclamações sobre o perigo comunista que Jango carregaria como a peste bubônica.

Deve ter havido sinceridade ao menos da parte do ministro decisivo, Odilo Denys, do Exército. Foi, ou é tido como, o arquiteto do golpe contra Carlos Luz e Café Filho, dado e *concluído* para empossar o eleito Juscelino, em 1955. Não foi este o ato de um pretoriano convicto.

Faz parte da História presumida que a "opinião pública" foi contra o impedimento de Jango. É certo que muita gente *ficou sabendo* do que acontecia quando o governador do Rio Grande do Sul, Leonel Brizola, o primeiro líder a se rebelar contra o golpe, montou uma rede de rádio nacional, pregando a legalidade constituída. Aprendemos até que Goulart, "gullar", no resto do país, é pronunciado "gularte", no Sul. Muitos gaúchos se disseram dispostos a lutar pela posse de Jango.

É possível e até provável que uma parte do eleitorado preferisse a continuação da ordem votada, por assim dizer, do que um mergulho em nova quartelada, já que a última tinha trazido o suicídio de Getúlio, em 1954. É uma reação emocional que não poderia surpreender. Os janistas mais ativos certamente não se sentiam estimulados a opinar, desconcertados com o comportamento do renunciante. O fato é que não sabemos, ao certo, e a pressa e brutalidade intrínseca da decisão dos ministros não lhes conquistaram simpatias.

A decisão veio da revolta militar no III Exército. Também não há sobre esta uma versão confirmada. O general Machado Lopes parecia igual aos outros generais contra Jango. Estudaram as mesmas teorias e partilhavam preconceitos. Há quem diga que ele aderiu a coronéis revoltosos, alguns, que eu conheço, de formação nacionalista-esquerdista. O fato é que comandou a revolta. O único fato que emerge sem controvérsia. É significativo talvez que não tenha feito carreira sob o populismo de Jango.

Jango estava em Singapura na renúncia, vindo da China (então conhecida por "China comunista", já que o Brasil, seguindo a política externa dos EUA, só reconhecia Formosa), seguiu a Paris, a Nova York e a Montevidéu, antes de desembarcar em Porto Alegre. Esse episódio é, como de costume, obscuro. Sabe-se que Brizola, que se tornara líder nacional, queria marchar sobre Brasília, enquanto que Jango marchou para o parlamentarismo, que lhe capava, em teoria, boa parte dos poderes presidenciais. Dependendo de quem se ouça, os ministros e a corrente deles forçaram o parlamentarismo, ou Jango se acovardou, aceitando meio poder em vez de arriscá-lo todo.

Houve dois primeiros-ministros parlamentaristas, Tancredo Neves e Brochado da Rocha. Afundaram na História sem deixar um traço. O Congresso votou de volta o presidencialismo e Jango o reassumiu depois de plebiscito em janeiro de 1963, que ganhou de cinco a um, este "um" sendo um "não" ao Brasil presidencialista. A legitimidade democrática de Jango se apóia nesse plebiscito.

É difícil acreditar nisso. É fácil supor que o "cinco" representava a vontade majoritária de que o país tivesse um governo decidido, já que o parlamentarismo foi desgastado em parlapatice política, agitações de oficiais e sindicatos pró-Jango, resistência de oficiais contra Jango, o de praxe, na superfície de elitismo barulhento e inconseqüente, que é a única aferível. Jango teve o apoio ostensivo da maior parte da imprensa, não porque o admirasse como estadista, mas por uma definição de governo.

As eleições de 1962, parlamentares, são melhor barômetro. Exceto na breve lua-de-mel do PC com o público, depois da derrubada de Getúlio (de outubro de 1945, o fim do Estado Novo, à eleição de dezembro) nunca houve tanta definição ideológica num voto. O populismo tinha um líder de enorme acesso ao povo (até hoje), Leonel Brizola. Ainda amargava sob a "meia posse" de Jango, no parlamentarismo. Propunha reformas nos principais setores da vida brasileira, apesar de vagamente delineadas, que criariam uma sociedade justa. Dispunha de vastos recursos federais, manipulados por Jango, e a liberdade de expressão – e de propaganda paga – absoluta. É costumeiro só se citar os recursos dos oponentes, em organizações que certamente receberam muito dinheiro de multinacionais, como IBAD e IPES, mas todos os grupos dispunham de meios vários.

A eleição reafirmou as cisões da sociedade. O populismo ideológico não recebeu um mandato que lhe permitisse legislar reformas, que Jango proporia, quando restabelecido o presidencialismo. É fato que a representação dos Estados menores continuava tendo um peso desproporcional à população, o que servia às oligarquias imobilistas, mas é igualmente fato que as divisões continuaram em centros urbanos como São Paulo e Rio (Guanabara).

Estou me detendo nessa seqüência histórica por dois motivos. Desfaz o mito de que janguismo e populismo, fisiológico ou ideológico, alguma vez foram maioria, e que o golpe de 1964 foi um ato exclusivamente apoiado por militares, ricos e a classe média mais raivosa e insegura socialmente, que teria tendências "fascistas". Em 1962, houve uma exposição ampla e clara do que a esquerda real (isto é, à parte o PC e pequenos grupos teóricos) podia oferecer ao eleitorado. O resultado, um impasse, permanece conosco até hoje. Foi a única eleição em que todos os bois receberam o devido batismo.

É também interessante lembrar que todos esses acontecimentos se passaram sob o governo Kennedy, nos EUA. Se atacava muito as multinacionais e o imperialismo de Kennedy, em Cuba, o que trouxe à rua, no Rio, etc., os esperados choques entre o populismo anticomunista de Lacerda e o pró-comunista, ou fidelista, ou o que prega o direito à autodeterminação, se quiserem, de Cuba. Insisto em que apesar de demonstrações, manifestos e o oposto, esse debate, como tantos em nossa história, ficou restrito a uma elite mínima. A desimportância de Cuba e respectivo regime em nossa vida e no estágio de desenvolvimento que atingimos não pode ser suficientemente enfatizada. Até 1963, não houve indício de intervenção de Kennedy nessa nossa bagunça estéril.

O resto da trama que conduziu a 1964 também merece um exame. Jango entrou para o folclore. Uns vêem nele a verdadeira face comunista do populismo, outros a promessa risonha do socialismo, ou progressismo vago, que forças sombrias encobriram. A realidade é mais prosaica.

Jango pode ter sido inculto, inseguro e indeciso, mas bobo não era, e não é à toa que foi escolhido como herdeiro político de Getúlio. Dirigiu *três* governos, de janeiro de 1963 a abril de 1964. Propôs reformas econômicas ao Congresso, das quais a que ficou na memória é a agrária, em que latifúndios improdutivos seriam desapropriados e os proprietários pagos com títulos da dívida pública. A idéia não é nova. O rei João III de Portugal propôs algo de semelhante aos donatários de capitanias, em 1549, quando fez de Tomé de Souza governador-geral do Brasil, estendendo o controle real à terra toda, mas permitindo que esses primeiros latifundiários retivessem as herdades até que fossem adquiridas pela coroa. Nada aconteceu, de uma maneira ou de outra. Nem no Brasil do século XX. . .

Com a composição conhecida do Congresso a proposta de Jango teve o mesmo destino que a de João III, o que não impediu que a esquerda inteira afirmasse dia e noite o imperativo da reforma, e os oponentes a considerassem o primeiro passo da expropriação da propriedade privada no Brasil.

O governo real, isto é, ao alcance do executivo, era outro. O Plano Trienal, da autoria de Celso Furtado, foi uma proposta capitalista de desenvolvimento econômico, ressalvando os direitos adquiridos da massa trabalhadora e os expandindo legalmente em proporção ao que o país produzisse. No Ministério da Fazenda, San Thiago Dantas, a figura dominante do "primeiro governo", tentou alinhar a política monetária à que os EUA propõem a nações do chamado terceiro mundo, desde os acordos de Bretton Woods, em 1944, em troca de auxílio econômico, acesso a mercados de exportação, etc. Sem o autoritarismo e o determinismo positivistas, e cuidando do "leite das crianças", do eleitorado potencial e real do trabalhismo, esse "governo" não diferia radicalmente, em *essência*, do que Campos e Bulhões *tentaram* fazer sob Castello Branco.

Não se sabe se daria certo, uma vez que depois de ir a Washington visitar Kennedy, em companhia do brilhante San Thiago Dantas, cujo brilho tendeu sempre a tornar-se ofuscante para quem estava por perto, em particular um presidente que só tinha vivido de manobras de bastidores, Jango se deixou persuadir que a oposição declarada e ruidosa das esquerdas à política de San Thiago e ao, hoje, endeusado Celso Furtado, era a voz do povo, e o "primeiro governo" foi demitido.

Jango sabia que arriscava o apoio das elites antiesquerdistas e conservadoras, o que deve ser a razão principal que o levou a entregar o Ministério da Fazenda a Carvalho Pinto, e não só o ministério, como todos os cargos importantes ligados à economia, para espanto geral de aliados[1] e inimigos.

Carvalho Pinto silenciou até Lacerda. Era impossível acusá-lo de "corrupto", já que tinha sido o mais eficiente secretário de economia e governador da história de São Paulo recente, filho de uma família importante (Rodrigues Alves), e sugeria, não fosse o currículo, uma caricatura do que se entende, vulgarmente, por uma pessoa respeitável. A outra acusação comum, "comunista", caía em igual ridículo, pelos mesmos motivos.

Basta lembrar de Carvalho Pinto que, apesar da aparência de cavaleiro de outra era, tinha a cabeça aberta às aspirações nacionalistas de empresários, às trabalhistas, não acreditava em alinhamento programático às linhas econômicas preferidas pelos EUA; acreditava em democracia e livre debate de idéias. Não é possível enfiá-lo em nichos ideológicos, ainda que pudesse parecer conservador às esquerdas delirantes e "inocente útil" aos radicais de direita.

Pelo contato que tive com ele me deu a impressão de que é o que se chama de pragmático, isto é, no sentido comum da palavra, de ser um homem prático, descrente de teorias infalíveis, não importa o prazo que demorem a se provar; e capaz de analisar uma situação concretamente e de agir sem recurso a superstições ou desejos confundidos com realidades. Parecia desligado dos rancores ideológicos da cena política, habitante de um outro mundo, o dos empresários de São Paulo que evoluíram da mentalidade do saque – o que exclui muitos, sem dúvida – ao capitalismo moderno que convive com o ideário do *New Deal* de Roosevelt e da social-democracia européia.

Se na queda de San Thiago Dantas Jango foi impulsionado até certo ponto pelas esquerdas, na derrubada de Carvalho Pinto ele as manipulou; a medida do impulso e o propósito real da manipulação permanecem controversos, talvez por escassez de informações confirmadas.[2]

O certo é que no "terceiro governo" Jango pôs no Ministério da Fazenda um pelego do trabalhismo fisiológico, Nei Galvão. A perspectiva política passou a ser unicamente de golpe, se em favor do que o presidente representava, ou do oposto, é o que restou de dúvida entre os informados. A política se fazia nas ruas, nas manifestações, em programas de televisão, nas passeatas e marchas. O presidente tinha um "dispositivo" militar de proteção contra os que o queriam deposto. Era visto, pelos oposicionistas, como instrumento, ponta de lança, de um novo Estado Novo, à esquerda do outro.

Minha percepção, resistida na época, hoje uma convicção, é que essa brigalhada toda se travava em meio à indiferença ou alheamento da maioria das pessoas. Havia, claro, "massa", de lado a lado, mas composta daquela minoria que é ativista por desenvolver consciência maior das coisas, como o "meio artístico", ou "senhoras da paróquia". Afinal, a quantos brasileiros interessa que os latifúndios sejam ou não desapropriados? Os habitantes sem futuro ou passado desses desertos não sabem sequer que são diferentes dos animais que, se pequenos e disponíveis, devoram. Legalidade ou ilegalidade democráticas não baixam ou aumentam um vintém o preço do peixe.

Já vi explosões de massa que não eram manipuladas, que não tinham a forma do que foi martelado pela propaganda incessante. Lembro a multidão que assumiu o centro do Rio depois do suicídio de Getúlio. Um dia antes, se fiado no consenso de imprensa, os 50 milhões de brasileiros odiavam o presidente, se solidarizaram com a família do assassinado major Vaz, da Aeronáutica.[3] Nada disso. Outro exemplo de espontaneidade é o chamado "queremismo", o movimento pró-Getúlio também, mas pelo *ditador* do Estado Novo, em 1945, que a opinião liberal tanto abominava e de que se vingou mais uma vez na pessoa de Jango, em 1964, imaginando que exorcizara definitivamente o demônio. O povo vai à rua em coro desafinado das elites. Estas é que decidem as paradas.

Lewis Namier escreveu que muito acontece na História por processos inconscientes que não conseguimos captar e de que não podemos fazer sentido, porque inexiste. Palavras profundas, de que talvez todos nós sintamos a verdade parcial, mas que paralisam o analista. As elites dirigentes certamente são mais sensíveis a esses fenômenos, já que tentam ordená-los com esse ou aquele objetivo, mas admitir essa realidade de imprevisto, do inconsciente, seria confessar limitações que lhes subtrairia parte da mágica da autoridade, da mística do poder. Nem pensar.

As elites, no Brasil, não acreditam, no íntimo, na soberania do povo. As diferenças entre elas e o populacho é de tal ordem que a sabem intransponível e insuperável, a não ser naquele prazo tão longo que, na frase de Keynes, estaremos todos mortos. Não é crível que algum dos ouvintes seletos do relatório do EMFA se imagine um dia, em competição de oportunidade sequer, com os pobres "relativos" ou "absolutos". Na Inglaterra, em que se cunhou a palavra esnobe, se diz que o sotaque das pessoas imediatamente as situa na escala social. No Brasil, basta olharmos uns aos outros.

Em 1964, o debate não era entre revolução socialista e democracia representativa, a "verdadeira" do folclore inicial do golpe, e, sim, saber quem tinha mais *oficiais* das Forças Armadas. Se Jango pensava em dar o golpe é uma questão acadêmica. Pensavam por ele, e o outro lado, como o nosso, passou com certeza noites ansiosas examinando efetivos militares nos quatro Exércitos da época.

O golpe aconteceu, não por determinação de Washington, ou de Castello Branco, ou Magalhães Pinto, mas porque a corda de um dos arcos e flechas, permanentemente retesados, disparou, de tensão, talvez, e o alvo era tão frouxo que desabou. Nenhuma resposta. Nenhum comandante inimigo. O silencioso demissionário de 1953 era o verdadeiro Jango. Uma flecha se converteu em chuva de flechas e a chuva num temporal, pela adesão de arqueiros que não querem perder o que os distingue dos desarmados. Reescrever o progresso de um contragolpe ao suposto golpe, convertê-lo em "revolução", foi o mais fácil. O primeiro homem que escreveu do Brasil, Pero Vaz de Caminha, mentiu sobre a terra. Fez escola, do padre Antônio Vieira a Bilac, ao editorial "desinteressado" servido com o café da manhã.

Nada mais se parece tanto consigo própria do que a história do Brasil em suas diversas fases. O primeiro registro colonial que temos é o da presença de quatro mil colonizadores, dois mil em Recife, dois mil na Bahia, e mais que o dobro em escravos e índios convertidos. Mudaram a nomenclatura e as "leizinhas" que determinam a condição jurídica das pessoas. As bases se expandiram, a de senhores e de escravos, que por outro nome qualquer muito se assemelham aos antepassados.

As elites respeitam tabus que equivalem à autocensura. É difícil encontrar alguém bem educado e melhor informado que leve as coisas intelectualmente a sério. Não é que alguém "entregue a rapadura" ou a distribua à massa ignara. Nada disso, antes muito pelo contrário, privilégios são ciosamente preservados, com a violência que a ocasião e a contestação exigirem. O que há, intramuros, na intimidade, é a percepção de que os arranjos sociais não são para valer, que podem ser arbitrariamente modificados e postos do avesso pela força, e que esta sempre prevalece, não importa o que for determinado pelos ritos da democracia política, ou quaisquer que sejam as regras estabelecidas. Ninguém discute o assunto de público. Em particular, é abordado de leve, porque não se quer aprofundá-lo, o que obrigaria a uma autocrítica jamais feita.

O humor popular é a contrapartida dos que não penetram na estratosférica superioridade das elites. Fala volumes que nunca foram sequer iniciados pelos intelectuais. Estes, de resto, e os políticos, adotam quase sempre de público uma linguagem arcana, que sabem impenetrável ao populacho, e que é, consciente ou inconscientemente, para ser impenetrada pelos que não pertencem ao círculo mágico do poder. O povo reage com a chacota, que é mais, no caso, do que defesa psicológica, é um comentário cuja seriedade pode ser desmentida, em caso de risco de represália, pela sua própria natureza como piada. É uma das nossas raras originalidades culturais. Os nacionalistas poderiam e talvez devessem exigir que fosse um dos monopólios com que sonham encasular a sociedade contra o estrangeiro.

Não há situação em minha memória, por mais grave ou dolorosa, que não tenha suscitado um chorrilho de piadas. É como se o espírito popular sempre pressentisse, apesar das trevas que o enclausuram, que na nossa sociedade nada *evolui* que se *consolide,* que não seja precário e transitório, e que os doutores, primeiro os da Igreja, hoje os da tecnocracia e similares, falam pelos cotovelos e incompreensivelmente para enlabiar o índio do momento e mantê-lo no seu lugar, em troca de algumas miçangas ocasionais, e olhe lá. Este humor é a única manifestação de consciência revolucionária que conheço em nossa história.

É o reverso do pregão medieval que é a retórica das elites, que mudam uma palavra aqui e ali, já que quem determina modas tem também de segui-las, variá-las, ou a freguesia se chateia com a monotonia e pode começar a pensar por si própria no que quer, no que precisa, e produzir um caos de aspirações, quando algum aventureiro, etc.

As raízes desse nosso "jeito" não me parecem suficientemente analisadas, para dizer o mínimo, e o que se contrapõe como proposta revolucionária por elites fora do poder me cheira à mesma coisa com rótulo diferente.

Basta lembrar que a bandeira comum das esquerdas pré-1964 era o nacionalismo que se manifestaria pela crescente intervenção do Estado na economia, a única maneira presumida de contestar e, finalmente, destruir a onipresença de interesses dos EUA no Brasil. Volta

Redonda e a Petrobrás foram apontadas como sucessos, conquistas populares, nessa direção.

As outras reformas, da agrária em diante, nunca passaram do papel, de uma carência absoluta de específicos, e foram postas em plano secundário à chamada luta contra o imperialismo. É tolice, repito, restringir a origem dessa atitude ao PC e derivados, ainda que se case perfeitamente com a política externa da URSS, em que qualquer derrota do capitalismo "soma" à causa do socialismo, em última análise, como de costume.

O nacionalismo é uma aspiração que precede o nascimento de Karl Marx e é até repudiado teoricamente, como retrocesso histórico, pelo cavalheiro, que, se perguntado sobre o Brasil de 1964, aconselharia uma *radicalização* das políticas de Campos e Bulhões para que apressassem a expansão do capitalismo no Brasil, quando então seria criada uma classe operária que, no devido tempo, reconheceria seu papel revolucionário e o executaria.

É fútil discutir esse assunto com comunistas brasileiros, que conhecem apenas uma versão diluída por Stalin do revisionismo leninista de Marx, e que, na prática, seja qual for o motivo, estão atracados à mesma idéia de nacionalismo autárquico, à "brasificação" do país, que move nacionalistas não (e até anti-) comunistas, como Leonel Brizola, cujo apelo popular é indiscutível.

O governo Castello Branco não foi só curto. Falhou em criar a infra-estrutura que solidificaria o tipo de sociedade de "mercado livre" que aparece nos manuais da ESG e que Roberto Campos defende e explica, ainda que ele, apesar da sofisticação intelectual, advogue, na nossa tradição de autoritarismo, uma implantação mecanicista desse modelo, sem atentar para as peculiaridades do Brasil.

Campos esbarrou no profundo nacionalismo das Forças Armadas, que só difere do de Brizola no que exclui a política populista. É uma ordem do dia, de todos os dias.

Quando se raspa a crosta de desconversa política do período Castello ao que veio depois, fica evidente a supremacia desse nacionalismo que ganha corpo com o alastramento do poder estatal em toda a economia, dominando-a às escâncaras, nas múltiplas "brás", ou tornando-a dependente do governo, seja porque este é o maior empresário a que todos servem, ou pela taxação, fiscalização, etc.

Não é que o país tenha sido transformado em "república socialista soviética do Brasil", como tem sido sugerido por empresários furiosos e intelectuais que se opõem à estatização. O processo nacionalizante foi contido por limitações da realidade mundial, de que o Brasil é, em muitos sentidos, objeto e não sujeito, e pelos desastres intrínsecos a uma teoria de que a prática principal é o empreguismo de amigos, parentes e clientes, e conseqüente corrupção e desperdício de recursos públicos. O governo soviético, ao menos, nivela a massa popular no que o EMFA chamaria de "pobreza relativa". A autarquia brasileira é aquela em que o Alto Comando reconhece a existência de 30 milhões de menores abandonados, mas não tem nada com isso. Estes que tentem a vida na iniciativa privada, o que fazem engrossando o crime da rua ao vilarejo.

Se excluirmos a supressão dos alegres e fervorosos debates democráticos de 1962 e a perseguição, tortura e morte de dissidentes políticos – o que é, em termos morais, uma exclusão considerável – podemos dizer que o regime militar realizou as ambições nacionalistas do populismo acima e além dos mais delirantes programas que foram propostos pré-golpe. A única queixa possível dos líderes depostos seria a de não terem sido eles próprios que encaminharam o povo à terra prometida e que, ao contrário, pagaram caro, eles e o povo, pela caminhada. E, claro, argumentariam que o bolo seria melhor dividido se a faca lhes fosse dada, evitando-se assim a alienação popular descoberta pelo EMFA e enfrentariam mais radicalmente o imperialismo importado, extraindo-lhe os recursos.

A última parte da receita sempre foi um mistério. Não se sabe se os populistas "forçariam" os bancos estrangeiros a emprestar-lhes o dinheiro que Delfim e outros tomaram para financiar os planos de governo de Costa e Silva a Figueiredo, ditando, eles, os devedores, juros, etc., e se obrigariam o capital privado a investir onde o governo quisesse, antes de extingui-lo de vez. Já ouvi as duas propostas de eminentes líderes e teóricos esquerdistas.

O fato é que nenhum líder populista do meu conhecimento sugeriu depois da abertura de 1979 que o alastramento estatal e intervenção (*grosso modo*) do Estado fossem revertidos ou coibidos. Ao contrário, a proposta dominante, única, é de expansionismo, com o acréscimo, para efeitos eleitorais, ao menos, de um maior distributivismo de benesses. Um ou outro projeto, como a Nuclebrás, é às vezes criticado, até o consideram um erro, mas a pureza e eficácia do nacionalismo estatizante permanecem intocadas.

O golpe de 1964 me pareceu, na época, o acontecimento decisivo da minha geração política. Eu tinha de 33 a 34 anos, me imaginava visadíssimo pelos vencedores, e o mundo manso, a matroca, do janguismo, em que emoções altamente proclamadas substituíam a ação, cessou de existir. Fui preso quatro vezes, em três passei tempo em quartéis, me interrogaram, preso ou solto, em mais oportunidades de que eu me lembre. Amigos e conhecidos foram torturados e alguns mortos. Outros serviram sentenças longas. A censura, de 1968 a 1979, era total.

Meu informe é de elite e adjacências, pouco mais do que saiu em imprensa ou do cochicho privilegiado. Não sei, e duvido que alguém saiba ao certo, quanta gente "anônima" foi seviciada e morta nos anos em que o regime estava solto, em que os poderosos oficiais e particulares foram à forra dos miseráveis por quem, pela voz do populismo, se sentiram ameaçados. É mais um capítulo negro e obscuro de uma história igualmente soterrada que começa com a colonização portuguesa. Não temos sequer um Conrad que a recrie, artisticamente, que nos fixe na imaginação um paradigma desse retrocesso e dessa opressão constantes.

Podemos cruzar os braços na pressuposição de que as "coisas são sempre assim no Brasil", o que é a atitude real da maioria da elite, seja ou não consciente; e cuidarmos da nossa sobrevivência pessoal nessa canoa sobrecarregada de passageiros, de que os mais fracos foram e são tradicionalmente entregues ao deus-dará. Ou podemos sonhar com vingança dos opressores, quando o *nosso* regime for implantado. E podemos pôr a culpa nos vilões estrangeiros que movem os nossos como fantoches e faturam na nossa miséria.

Tentar entender nossa condição exige um sacrifício de muitas fantasias. Dói à nossa vaidade, em suma, nos obriga a enfrentar fatos desagradáveis sobre nós próprios. Quando eu era menino se dizia na rua que o Brasil só tem "tamanho e sacanagem". As crianças sabem de *algumas* coisas, talvez porque não exerçam com tanto rigor a autocensura a que os adultos se dobram ou abraçam como medida de sobrevivência social.

No nosso repertório de vilania é fácil encontrar libelos contra Portugal, Inglaterra ou EUA, pela ordem e, às vezes, dramatizados em conjunto. A progressão de colonialismo a "neo" é dada de barato pelas nossas esquerdas, talvez porque tão influenciadas pelo leninismo de cartilha stalinista, que tudo simplifica, ideologicamente, para tornar o combate mais acessível à cabeça das massas a quem hipoteticamente substitui e serve.

NOTAS

[1] Informação de Samuel Wainer, amigo de Jango, proprietário de *Última Hora*, o único jornal que apoiava o presidente. O assunto foi tópico de mil especulações de pessoas do "ramo".

[2] O pretexto da agitação é que o Ministério da Fazenda seria entregue a Leonel Brizola, que prometeu "trocar todo mundo, a começar pelo porteiro", em conversa comigo e outros. Nunca acreditei que fosse essa a intenção de Jango e disse isso a Brizola, pessoalmente, e tenho a boa consciência de me ter abstido de participar da campanha contra Carvalho Pinto.

[3] Pistoleiros da guarda pessoal de Getúlio, ou ligados a ela, nunca se soube a mando de quem, precisamente, tentaram matar o jornalista Carlos Lacerda, a bala, num atentado de rua. Com a incompetência habitual, assassinaram o major Vaz, da FAB, que servia de guarda-costas voluntário de Lacerda. Logo se verificou que Getúlio ignorava o atentado. Não importa. Tinha sido encontrado o pretexto para uma insurreição militar.

VI. A Origem Ideológica do Presente Autoritário

É fácil demonstrar que a ideologia dominante no Brasil por *mais de quatro séculos* foi a da Contra-Reforma da Igreja Católica. Está conosco até hoje, se levarmos em conta que, entre outras coisas, se caracteriza por um espírito autoritário, absolutista, anticapitalista e antiindividualista. A idéia de que indivíduos, por conta própria, pela experiência em comum, o que inclui conflitos e concordâncias, cheguem a um consenso comunitário de sobrevivência, que seja ditado pelo que acontece e não imposto de cima para baixo, é anátema, literalmente, a essa ideologia.

Não é preciso ler (errado, em geral, no Brasil) o ensaio de Max Weber que liga a ética protestante ao espírito do capitalismo para concluir que, com algumas variantes, foram as nações que saíram do consenso católico de Roma, na Europa, que mais se desenvolveram materialmente, ainda que em vários casos (Suécia, Suíça, Holanda, etc.) tenham abandonado as principais regiões em que o imperialismo prèdominou.

O Brasil estava entregue às vacas na segunda metade do século XVIII, quando começou a Revolução Industrial na Inglaterra. A culpa é de Portugal, diremos, mas Portugal, quando muito, auferia o filé *mignon* do nosso gado. Também estava – e permaneceu séculos – estatelado num feudalismo repressivo, de que nem as semi-reformas do marquês de Pombal, superficiais e contendo em si próprias o reflexo ofuscante do atraso que se propunham combater, alteraram na base.

Não me interessam os diversos aspectos religiosos do protestantismo, mas, sim, o fato histórico de que desafiou o credo de que o homem apenas transita pela Terra, onde se seguir os ditados da Santa Madre Igreja, terá, em outra vida, acesso ao paraíso. O que se chama simplificadamente (pela variedade) de protestantismo tem em comum o pressuposto que salvação é algo de pessoal entre nós e Deus, que nenhuma agência media esse encontro do humano com o divino.

Em termos religiosos, ao menos nos casos de Lutero e Calvino, o protestante é menos otimista que o católico, porque predestina a vida eterna do homem, sem que este, ao contrário do católico, que dispõe do livre-arbítrio,[1] tenha o que dizer, mas essa não é a questão, e, sim, os efeitos políticos e sociais dessa nova liberdade do ser humano de se dirigir ao hipotético e distante Criador, que, na vida real, ele converteu aos poucos em *liberdade* e *dever* de organizar o mundo material, também de acordo com as próprias luzes. Foi uma revolução no espírito humano de que não houve outra igual. A própria interpretação materialista da História, hoje um clichê que é aplicado mecanicamente a eras passadas, não teria sido possível sem o salto do impessoal e inamovível do catolicismo ao pessoal e dinâmico, representado pelo protestantismo.

Essa interpretação materialista da História, por sinal, seja a do marxista ou a do tecnocrata, é um obstáculo à compreensão do nosso passado, porque nega a dimensão espiritual, extra-econômica, do pensamento e comportamento dos seres humanos. O cruzado e o colonizador, assim, se iludiriam a si próprios se achavam que o objetivo deles era promover o cristianismo, porque o que fizeram, na prática, foi pilhar os índios e os muçulmanos. Marx aplica esse tratamento com grande sucesso intelectual a diversos períodos históricos, ainda que seja tedioso nos escritos dele que os homens estejam sempre tropeçando na vida porque não anteciparam ou leram Marx.

Nossa vida é calcada, em boa parte, em ilusões e fantasias, e, estas, como tudo mais, tendem a sedimentar culturalmente através de gerações, a tal ponto e com tal variedade e contradições, que não é fácil determinar o "real" do "imaginado". Intelectuais de grande talento *racionalizam* o que, pressentimos no íntimo, apesar de intimidados pela lógica dos pensadores, foi uma enorme confusão. Em alguns momentos, a História parece mais clara do que em outros, quando há rupturas de tradição. Esse é o caso da revolução protestante e, em nosso tempo, da soviética. Ir além disso é cair no metafísico, ainda que pretensamente materialista e "científico".

A Igreja, antes de Lutero entrar em cena, estava longe de ser um monólito de tranqüilidade e conformismo. Ao contrário, sempre esteve à beira da cisão por "n" heresias, suprimidas com violência. Na chamada Renascença, gente como Erasmo de Rotterdam pregava uma humanização do hermetismo medieval e bizantino que sugeria um paralelo espiritual do humanismo artístico de Giotto, Dante e Petrarca, na esfera secular. E a Igreja, não raro rachada em duas ou três, de Roma a Avignon, se secularizava na permissividade de costumes, que tanto chocou o provinciano Lutero e predecessores como John Wycliffe e John Huss (que traduziram a Bíblia para o vernáculo, antes de Lutero).

O importante no destino brasileiro é que a colonização se processou sob a Igreja da Contra-Reforma, cujo agente mais radical foi a Companhia de Jesus, os jesuítas que entraram na nossa história em forma lendária de progresso e benevolência, quando, em realidade, não importa que pretensões e práticas espirituais nos tenham legado, foram agentes de um medievalismo imposto de cima para baixo, sem relação com os objetivos de desenvolvimento material que garantiram a emergência de nações que se impuseram ao mundo, da Inglaterra aos EUA.

Os jesuítas apareceram em cena como tropas de choque da Contra-Reforma, em 1540, antes mesmo que o reacionarismo geral da Igreja ganhasse corpo doutrinário, litúrgico, etc., no longo Concílio de Trento (1545-1560). A Contra-Reforma negava o próprio conceito de nação, no que resiste, por definição, à autoridade supranacional da Igreja, ainda que obviamente tenha se ajustado à soberania de países e grupos que permaneceram fiéis a ela (França, o Império Habsburg, etc.)

Seu ideal era a fragmentação da Idade Média, à qual melhor podia servir de barômetro e meteorologista, simultaneamente, determinando e definindo tudo que lhe fosse possível conter pelas promessas e punições de um futuro eterno de que conhecia exclusivamente o caminho. Onde pôde, a Igreja da Contra-Reforma impediu o progresso histórico do nacionalismo e a criação de uma sociedade em que os homens tentassem assumir o seu destino, o que significa decidirem o que melhor lhes convém, materialmente, pelo processo de tentativa e erro, o que gerou na Europa protestante avanços sociais, em direitos civis, que precederam por quase um século a Revolução Industrial, que produziria a base econômica do que chamamos hoje de democracia.

A Inglaterra, de 1688, da "revolução gloriosa", que limitou definitivamente o absolutismo real, seria impensável na Espanha e Portugal, duas nações em que a Contra-Reforma atuou decisivamente na decadência e ruína. Já foi notado que a fúria da Revolução Francesa se deve, em parte, ao menos, à necessidade sentida de erradicar a presença retrógrada da Igreja, o principal e infalível alvo de todos os intelectuais iluministas, porque a justificativa espiritual do absolutismo do baronato, das "classes eleitas", das leis irreformáveis, do "lugar de cada um" na ordem das coisas, do imobilismo social, em suma.

O Concílio de Trento proibiu até que os leigos lessem a Bíblia, de onde Lutero tirara a idéia de que podia dirigir-se diretamente a Deus. A Igreja da Contra-Reforma promoveu o analfabetismo onde atuou, e o impôs onde pôde. Fez uma guerra sistemática à ciência, de qualquer tipo. Autores perfeitamente aceitáveis aos clérigos protestantes, como Isaac Newton e John Locke, inovadores no seu tempo mas sem qualquer propósito revolucionário, que adiantaram o conhecimento do mundo físico e social do homem, foram banidos no Brasil e *Portugal*, ainda que uma elitezinha sempre tivesse acesso de contrabando a eles.

O Brasil só começou a ter imprensa e universidades no século XIX, em quantidade parca e restrita, com o padre invariavelmente acoplado à orientação dominante. Isto acontece ainda hoje, quando as travas jurídicas e policiais desapareceram, e a paixão pela censura reemerge em regimes sem pretensão religiosa. É um estigma estrutural da nossa cultura.

O latifúndio, tão dissecado e combatido pelos nossos intelectuais materialistas, nada mais é do que uma reprodução colonial do feudo europeu, que se apóia, ideologicamente, no conceito padresco de fragmentação, de dividir para conquistar, de antinação. É claro que ao colonialismo secular também interessava que o Brasil fosse dividido em capitanias, que se mantivesse sem centro, mas o próprio Portugal parece paralisado na História. Não é o país de Vasco da Gama que nos colonizou, em plena Contra-Reforma. É o da decadência do rei Sebastião, um fanático religioso, e do "sebastianismo", um exemplo clássico de paranóia coletiva, e o rei esse a quem Camões dedicou *Os Lusíadas*, mas o poema fala do passado, porque futuro não havia. O último surto epidêmico da Contra-Reforma em Portugal foi o salazarismo, e, desde 1703, ao menos, do Tratado de Methuen, Portugal passou a ser satélite da Inglaterra, cuja formação cultural é de outra ordem.

Somos contemporâneos dos EUA. É suficiente compararmos a constituição dos 13 estados unidos da América do Norte, e a nossa, de país livre, "imperial", em 1787 e 1824, respectivamente, que as regras dos dois jogos ficam claras.

Há muito pouca história do Brasil que analise criticamente nossa formação. Os jesuítas, na maioria das versões, aparecem não como a força repressiva que foram, mas como os que cuidavam das almas dos índios, e não é mencionado que essas almas tinham sido "descoberta" do papa Paulo III, um contemporâneo (1534-1549), o homem que aprovou a criação da Companhia de Jesus, *criou* a censura papal e "santa", e reativou a inquisição, e que esse zelo todo era contrastado por hábitos pessoais que nada ficam a dever aos do Bórgia, o papa Alexandre VI, que nos deu o Tratado de Tordesilhas, e o Brasil a Portugal.

Há os historiadores que descrevem os jesuítas como tirânicos, dissolutos e escravagistas, e os que admitem, por exemplo, que o padre Antônio Vieira foi o autor da idéia de importar em massa escravos negros, dado o compromisso de "salvar" os índios, mas que insistem em que os padres impediram maior exploração dos nativos pelos portugueses, ainda que aceitem, contraditoriamente, que alguns estados (Santa Catarina vem logo à memória) só foram explorados pelo amor à caça – a índios. Não é meu assunto os dengos de historiadores que querem ficar bem com os poderes públicos, presentes, passados e *permanentes*. Minha única certeza no caso é que Anchieta é um poetastro dos mais infames e que AntônioVieira é, claramente, um embusteiro, parlapatão, adulador de reis e outros potentados, e capaz de sandices como o "Quinto Império", em que profetiza que Portugal será o sucessor, o quinto, em grandeza, depois dos impérios assírio, persa, grego e romano; é sandice, mesmo nos meados do século XVII. Vieira permanece um modelo e êmulo intelectuais, o que não exclui pensadores ateus. É o precursor do lero-lero das elites. Merece as "honras".

Os padres enfiaram os índios em aldeias, salvando-lhes as almas, talvez, mas apressando-lhes a morte, pelas doenças que contraíram dos colonizadores, ou recebendo os maus-tratos e exploração clássica de escravos. O exemplo recente da criação da Eletronorte na Amazônia mostra que nada mudou. Os índios que não são mortos ou inutilizados por influenza, tuberculose, varíola, doenças venéreas, etc., são roubados e assassinados, quando incômodos. Talvez os escribas do marquês de Pombal, pagos é verdade para xingar os jesuítas que o ministro queria expulsar de Portugal, no século XVIII, soubessem do que estavam falando.

Meu interesse aqui é no espírito da Contra-Reforma aliado ao colonialismo, reforçando-o a nada criar de permanente, ou unificado, ou progressivo e, muito menos, progressista. É saque, puro e simples, seja de ouro ou diamantes (o quanto nunca foi realmente averiguado), os famosos "ciclos" que só nos renderam alguma literatura e, os mais lucrativos, deixaram *in memoriam* igrejas nas quais os saqueadores esperavam encontrar perdão pelos pecados contra a terra, índios e negros, o que certamente conseguiam uma vez que pagassem a comissão dos padres, empreiteiros de almas.

Os espanhóis, ao menos, criaram grandes centros urbanos. Acredito que isso se deva ao grande influxo de judeus na Espanha, pré-expulsão, e que muitos judeus se converteram ou pretenderam render-se a Jesus. Seja como for, criaram um espírito mercantil e, conseqüentemente, de progresso e ânsia de amenidades urbanas, que o português parece nunca haver experimentado, no que teve o apoio dos padres, que deviam reter na memória as acusações dos protestantes de que Roma era a "puta da Babilônia" (nos tempos de Lutero foi certamente o maior bordel do mundo ocidental), logo, o Brasil colônia sugere um amontoado de vilarejos, em que só a igreja, ricaços e a administração pública têm vez. Até hoje, não existe no país um centro internacional como Buenos Aires.

O fatalismo e o senso de transitoriedade inútil na vida brasileira também herdamos da Contra-Reforma, porque, adaptando um pouco Vieira "no estado miserável do reino"... "O mundo do nosso prometido império não é mundo neste sentido". O bom padre, em suma, só nos promete a vida eterna de prazeres se obedecermos à Igreja em como nos prostrarmos diante de Jesus. O resto é miséria agônica de espera em busca da graça.

É claro que a natureza humana aspira a mais. Essa aspiração, censurada, é uma das componentes principais do que chamei de mentalidade do saque. É impedida de um processo evolutivo, isto é, social, decidido pelos homens em função e em relação à natureza, com base na reflexão e estudo do meio ambiente e da própria constituição do ser humano, porque tudo isso tem de passar pelo crivo do padre, que elimina qualquer dado ou fato que possa dar margem a interpretações heréticas aos ensinamentos da Igreja; o conhecimento é pasteurizado e congelado em preceitos medievais, limitando muito a ação dos recipientes. O saque referido, a mentalidade de tomar "até a última gota" é fruto, primeiro, de uma repressão recheada de moralismo rastaqüera – do instinto aquisitivo – agressivo, se quiserem – do ser humano; depois, da ignorância de como melhor usar, de manter e expandir, o que se tem à mão. Esse instinto termina *explodindo* irracionalmente e sem conseqüência que não seja sua satisfação rápida e finita.

É típico, por exemplo, que a coroa e nobreza da corte de Portugal trocassem o que lhes cabia do ouro do Brasil em produtos de luxo dos ingleses, que utilizaram esse ouro para lastrear a Revolução Industrial. Simplesmente não parecia ocorrer aos cutrucos de Lisboa que pudesse existir uma sociedade mais produtiva e reprodutiva de riquezas do que a do assalto medieval, direto, pessoal, primitivo, sem repercussões sociais. Isso vai bem com o espírito da Contra-Reforma; do mundo não só nada se leva como nada frutifica, aproveitemos o que pudermos, dando algum ao padre que, em retribuição, nos salva a alma, perdoando-nos os pecados e nos encaminhando a um novo reino de delícias, este eterno. Esse imbecilismo hedonista português está profundamente entranhado na mentalidade brasileira, na idéia de que o Tesouro do país é dinheiro achado na rua e nos trambiques monumentais dos homens de negócios do lucro rápido, que, extinta a fonte, se pode gozar o saldo na Suíça ou Nova York.

O erro central dos críticos materialistas da história do Brasil é supor que, estando superada a ideologia da Contra-Reforma, porque vivemos em plena era capitalista e de neo-imperialismo, basta que nos ocupemos destes dois últimos, já que parece a eles que esse negócio de Igreja é uma relíquia, de maior interesse turístico do que político.

Não há dúvida de que o Brasil se secularizou e que, ao menos desde a Velha República, o pensamento das elites se volta para soluções materiais dos problemas brasileiros. O Positivismo é a ideologia dominante, o progresso, de cima para baixo, autoritário e imposto pelo mecanicismo científico, às vezes refinado com livros-textos que são orelhas de métodos de administração de empresas dos EUA; mas é progresso o que se quer. A variante humanista, então, canalizaria e modificaria essa mentalidade em atos que beneficiariam a maioria dos brasileiros, ou seja, numa primeira etapa, pelo programa de crescimento econômico orgânico de Raul Prebisch, da CEPAL (Comissão Econômica para a América Latina), e, depois, pela implantação do socialismo.

Há alguma realidade no diagnóstico, nenhuma na cura proposta, ou ao menos, nenhum sintoma dessa cura. É fato que já na Velha República o tema é progresso e que as frustrações dos positivistas, ou meros companheiros de viagem dos ideólogos, resultaram em várias rebeliões de jovens cheios de entusiasmo por reformas várias, todas falhadas, naturalmente. A revolução (dita) de 1930 tinha um ideário vasto e alguma coisa, leis trabalhistas, voto secreto (adiado até

1946 e adiado de 1964-?) etc., foi feita, o que não é necessário elaborar aqui.

Se limparmos a superfície ideológica, epidérmica, desse debate, dois temas emergem constantemente: a culpa é dos estrangeiros e a corrupção dos homens públicos é o obstáculo central ao progresso. O primeiro é entremeado de contradições grotescas. Os professores nacionalistas imprecam contra os assaltos dos portugueses nos nossos recursos, mas por mais independentes de Portugal, que deixamos na rabeira da História, parece haver uma autêntica veneração pelo ex-colonizador, da mesma forma que se insulta os EUA, mas Nova York é hoje, para a elite financeira e classe média que pode e ama consumir, a meca do shopping, que já se pode escrever sem grifo porque incorporada à língua pela força do uso popular (entre outras palavras). Os ingleses, que nos teriam dominado por procuração a Portugal,[2] nunca nos mereceram esse tipo de saudosismo e ânsia de emulação, talvez porque "frios", ou porque, hoje, para a geração virgem de voto direto à presidência, a gente de 45 anos de idade, tenham saído do centro do palco em 1945.

Esse sentimento é melhor descrito como "saudades da senzala", ou, mais delicadamente, o desejo de ter uma proteção, carinho e um centro de autoridade que nos afaste da consciência de que nós é que fazemos ou temos de fazer nossa história, assumirmos nós próprios essa responsabilidade, com tudo que implica, a que nos recusamos, por imaturidade, covardia moral e, da parte das elites, sentimento de culpa, decorrente do fato de que as divisões sociais de hoje se assemelham muito àquela citada acima, do primeiro registro colonial, em que dois mil portugueses tinham *per capita* grupal quatro mil escravos. Em suma, culpamos portugueses e os EUA pelo que somos, mas não queremos que eles nos abandonem, porque são nossos bodes expiatórios, da nossa irresponsabilidade, incúria e incompetência.

Vem logo à cabeça Juscelino Kubitschek, democraticamente eleito, dentro das limitações do sistema, e de temperamento democrático e empreendedor, descendente étnico de poloneses, e, apesar disso tudo, prostrado e em êxtase em face do feudalismo estado-novista de Antonio de Oliveira Salazar, e de um povo que, naquela época, chamava um passageiro de táxi de "vossa excelência".

Em 1962, no auge da *Última Hora* (Rio) em crítica à política externa dos EUA, o proprietário do jornal, Samuel Wainer, me chamou a atenção para o comparecimento do povo da cidade-estado a uma exposição de produtos de consumo dos EUA: 500 mil pessoas na primeira semana, de uma população de três milhões.

Quanto à Igreja, que gerou a ideologia dessa dependência nossa de um centro estrangeiro, nunca foi chamada de imperialista, apesar de ser essa, imperialista, estrangeira e romana, a identidade que tem junto aos nacionalistas protestantes de outros países. Acreditamos que o catolicismo, por mais repulsivamente retrógrado que nos pareça, é *nosso*, como a Petrobrás.

Levou mais em riquezas do que Portugal e Inglaterra, cujo tempo já passou, e os EUA não têm tanto "tempo de casa". Não pode ser porque a maioria dos padres é hoje de nacionalidade brasileira. Isso é coisa recente. Foram durante séculos portugueses de origem e "coração", e Vieira é o mais conhecido exemplo. Os padres de que fui aluno no São Bento, 1937-40, eram todos, com uma única exceção holandesa, alemães. A Igreja é e sempre foi multinacional.

Hoje, quando perdeu quase todo o poder de interferir na direção política das nações (à exceção de quantos países? É voz dominante no governo irlandês e influente na Espanha e Portugal, sem falar de vários países da América Central), é participante ativa do debate público, ainda que tenha perdido a coesão ideológica da Contra-Reforma, depois do Concílio de 1962-65. O papa se acha com pleno direito de fazer comícios sobre a política populacional de países miseráveis e ricos, da política sexual, nuclear, da alocação de verbas orçamentárias, etc. É o chefe de Estado de uma nação estrangeira, quando está fora ou dentro do Vaticano, mas uma das personalidades principais da política italiana, onde co-dirige o maior partido, o PDC, e a Itália teve de fazer guerra literal ao Vaticano para tornar-se nação unida.

No Brasil, foi partícipe de todos os regimes autoritários, até que, nos meados do golpe de 1964, uma facção de padres passou a ser a única oposição tolerada (com ranger de dentes e algumas infrações brutais ou homicidas contra padres, da parte da ditadura) pelo governo.

É extraordinária a relativa imunidade que a Igreja gozou todos esses anos na demonologia dos nossos nacionalistas e esquerdistas. Até os críticos positivistas, na abertura ao secularismo, no século XIX, se concentravam mais no obscurantismo cultural dos padres do que na influência diretamente política que exerciam.

Há várias possibilidades de análise. Arnold Toynbee, protestante, escreveu que tendo cometido tantos crimes sem morrer (ainda que Napoleão tenha flertado fortemente com a idéia de extingui-la em 1809), talvez a alegação de que é de origem divina seja verdadeira. A intenção de espirituosidade do historiador é apenas *fifty-fifty*. O resto é a sério. Outra hipótese é que, na ignorância dominante, a autoproclamada e auto-restrita "influência espiritual" seja levada mais a sério do que alguns de nós imaginamos. E, finalmente, a maioria decisiva no Brasil acha que vale a pena aturá-la, seja por hábito, ou porque acredite na segunda parte do que disse Toynbee.

Isto não é assumido e, como a ambivalência da nossa atitude em face de Portugal e dos EUA, leva à conclusão de que recusamos a responsabilidade pela nossa história.

Essa evasão é verificada também nas crônicas tidas como heróicas, porque, despidas de fachada e pernosticismo verboso, sempre emergem absurdas. Não faz sentido o desmembramento do país que um frei Caneca propõe, em nome do liberalismo (qual e o que não fica jamais claro), e o prontuário policial de Gonzaga e Cláudio Manoel da Costa complementa a irrelevância real do canonizado Joaquim da Silva Xavier. Há também a deprimente consciência de que as idéias chegam ao Brasil, pelo menos até a segunda metade do século XX, com um século de atraso. Se discutia Isaac Newton – uma elite clandestina – no tempo de Voltaire e do iluminismo.

Observadores estrangeiros, não particularmente interessados na nossa sociedade, como Charles Darwin, que gostou da flora e fauna do Brasil, abominando a relação abjeta e degradante de escravos e senhores, fala do Rio, capital, de "Botafogo Bay", em 1832, pós-independência, e da Constituição de 1824, para ressaltar o sentimento de "imensidão e solidão" do Brasil. Encontra a solicitude e mesuras em atender ao próximo, ao freguês, que traz dinheiro, negócios, mas logo descobre que é pró-forma, é o "jeito de ser" das pessoas, cuja realidade de comportamento é a displicência, o desleixo e a rudeza, quando cobradas em eficiência e serviços. Tem-se a impressão que só o aumento do barulho e um outro tipo de sujeira, o industrial, foram acrescentados a "Botafogo Bay", em 1985.

Esse cabeça de toucinho que é Pedro II, poetastro como Anchieta, incapaz, mentalmente, até de concluir memórias que, afinal, compreenderiam meio século de nacionalidade independente, é louvado pelo amor ao ensino e à instrução, que deixou em estado catastrófico de atraso, e por oito mil quilômetros ferroviários num país de 8,5 milhões de quilômetros quadrados.

Atribuir essa inércia, esse marasmo cultural, essa cegueira ao "bonde da revolução industrial", que não tomamos, no século XIX, deitados eternamente em berço esplêndido, à pura e simples exploração estrangeira, é uma forma de suicídio moral, para não dizer intelectual. É inacreditável. Nós fizemos o país de que nunca veremos igual. . . Não devemos ser tão modestos em responsabilizar o próximo pela nossa condição.

Cabeças capazes de compreender o mundo possível, Mauá, Silva Lisboa, ou – até para recusá-lo – Eduardo Prado, nos mostram, Prado, em especial, quando quer louvar o antigo e idealizado, o estado terrível e onipresente da nossa história. O próprio Vieira é capaz desses relances do real, ainda que os utilize quase sempre para adular poderosos, que seriam diferentes de antecessores, a quem o padre ataca, e no ataque percebemos que ele fala do que *é*, e não do que foi. A crítica é sempre indireta, nunca é frontal e concretamente subversiva. Há sempre nela um bom-mocismo esperançoso e piegas, que permite ao crítico uma retirada estratégica se o pau comer sobre ele por ter violado o consenso de uma elite que se julga acima do bem e do mal, que certamente está acima do *gulag* social. "Fica entre nós" é o mote crítico da elite brasileira.

É possível afirmar que devemos mais à influência estrangeira do que estrangeiros nos saquearam, sem de maneira alguma subestimar os efeitos de imperialismos, seja a ideologia da Contra-Reforma, o colonialismo português, a "reserva de mercado" inglesa, ou a predominância, em algumas fases, da iniciativa privada e de diretrizes de política externa dos EUA. A única posição oposta possível, que goza de alguma voga hoje em dia, é a ecológica radical, que prefere o estado bruto de sociedades primitivas ao que chamamos de civilização, mas só parece florescer em países que já foram além da revolução industrial ou em que esta se sustenta em armas autodestrutivas, quando parece desejável um retorno ao mundo das selvas, rios e de tribalismo pré-conceitual. Não é a vocação brasileira, nem mesmo daqueles cujos poderes de expressão permanecem, em essência, no mesmo nível dos que Anchieta começou a aterrorizar com ameaças de danação eterna. Nossos "índios" anseiam tanto pelas miçangas de Caramuru, pelo progresso, quanto os lendários.

O que Eduardo Prado chamou, em circunstâncias diferentes e com críticas agudas, a "ilusão americana", é a aspiração nacional dominante. Não se contesta mais, ideologicamente, que o Brasil deva ser um país rico e que haja um hipotético e geral acesso popular a bens materiais. A Igreja, *algo* enfraquecida e *bastante* dividida, protesta contra o excesso de materialismo – como se houvesse excesso de *todos* – e esta obsessão *vulgar* de se ter uma boa vida. Lembro Orwell repelindo essa acusação feita por bispos espanhóis e ingleses aos republicanos da Espanha na guerra contra Franco, em *Homage to Catalonia.** O que é menos percebido é que os esquerdistas das comunidades de base também partilham essa repulsa à riqueza material. Querem que o rebanho sobreviva, sem dúvida, estão dispostos a brigar pelo rebanho, desde que não se converta no "bezerro de ouro". E é, claro, mais fácil a um camelo, etc. O espírito feudo-totalitário da Contra-Reforma muda de formas, não de substância, entre os fanáticos.

Toynbee dizia que o comunismo era uma heresia do cristianismo. Foi ridicularizado. Se trocasse comunismo, inexistente, pelo "modelo" soviético, pela experiência do "comunismo de guerra" dos bolcheviques, até 1921, em suma, se fosse mais específico, encontraria alguns defensores intelectuais de peso. No Brasil se sentiria em casa. O ódio dos nossos nacionalistas e esquerdistas do capitalismo tem origem espiritual na Contra-Reforma, que fertilizam na química do stalinismo, no que o absolutismo português tinha de incapacidade de desenvolver uma sociedade variada e complexa, que evoluísse do feudalismo, e no espírito antidemocrático do Positivismo. É um tema que requer análise específica, um dos muitos da nossa história ainda não-escrita.

Tudo isso continua conosco. O capitalista não é herói de ninguém no nosso folclore, é um pecador ou um explorador desalmado (*sic*), uma pessoa que vive da miséria dos outros e esbanja os lucros em orgias. O fato de que cria riquezas, mercados, diversificação de mercados e de outras forças produtivas, empregos, e que floresce, nos estágios de maior avanço, *em democracia política* e que, pela própria variedade produtiva sedimenta a base de enormes ramificações culturais, não tem muitos historiadores, e estes, os que conheço, ao menos, assumem em geral o tom defensivo de Silva Lisboa, ou preferem agir no campo do liberalismo político, a exemplo de Virgílio Mello Franco. O horror de Marx pelo capitalismo é admirado, um tanto primariamente, por uma ótica míope. O fascínio dele pela revolução capitalista, igualmente óbvio, ainda que lhe dê uma função histórica finita, é ignorado, ou se "dá a volta por cima", seguindo *táticas* de Lenin e Trotsky, interpretadas como estratégia definitiva, sagradas escrituras do socialismo. A paixão de nossos intelectuais pela arte populacheira é a expressão cultural dessa mentalidade.

Devemos ao imperialismo dos EUA a implantação do capitalismo entre nós, não como idéia, ou até prática, porque já existia em ambas as formas, embrionicamente, desde o século XIX, e em algumas regiões chegou a mais do que isso, como São Paulo. A contribuição dos EUA foi à mística do acesso às benesses da produção em massa e a proposição de que esse acesso poderia ser geral, popular, que nós, pelo que Hollywood nos transmitiu nas fantasias baratas da década de 1930 (em diante, até os primórdios de autocrítica nos anos 60), poderíamos ser iguais aos inúmeros cinderelos daqueles filmes.

É uma fantasia e *era* nos EUA, dos anos 30, da Grande Depressão. Talvez pela implausibilidade é que tenha ganho tanta força entre nós, o que será considerado um aparte elitista, mas que é o reconhecimento da superioridade do fantástico simplificado sobre o real numa sociedade atrofiada. E Hollywood, claro, era também a miçanga (cobrada, não foi de graça), de uma transferência factual da posição do Brasil da esfera de influência inglesa e portuguesa para a de uma das duas superpotências que se consolidaram na Segunda Guerra.

O capitalismo dos EUA entrou no Brasil à maneira "clássica", importando barato e exportando caro, e assumindo o controle do que nos vendia, nos *financiando,* a juros, o que lhe devíamos, o de costume. Ainda assim, à parte a esperada e inevitável reação nacionalista, germinou também no solo pátrio, gerou imitações, deu-nos o molde que desconhecíamos ou que nos era vetado pelos colonialistas que o antecederam.

A implantação do capitalismo no Brasil, e não apenas da rapinagem – indiscutível – do imperialismo, é clara para quem viveu na era anterior. No fim da guerra de 1945 parecíamos ainda estar num "bucolismo" não essencialmente diverso do descrito por Darwin. Havia o botequim, o armarinho, o comércio de subsistência, o barato e o marginal. Sabíamos do arranco autárquico de Volta Redonda e da exceção de São Paulo, cuja capital lembrava uma cópia modestíssima de partes de Nova York. E certamente o especialista pedante encontrará outros exemplos. Sugiro apenas que a mentalidade dominante era que não tínhamos futuro industrial, que o referido hoje como "sociedade de consumo" ficava restrito a uma elite mínima que comprava produtos – legalmente – importados.

Não que faltassem ideólogos da industrialização, e o presidente Dutra foi acusado de "queimar" reservas de moedas fortes que tínhamos acumulado durante a guerra, quando os preços de nossas matérias-primas haviam subido (em face da demanda insaciável dos nossos aliados), em importações de consumo, com destaque para plásticos, em vez de investi-las numa base industrial. Acusações semelhantes, somadas a uma "orgia" de gastos públicos e corrupção, foram feitas ao presidente Epitácio Pessoa, no pós-guerra de 1919.

Nos anos 60 ninguém reconheceria as cidades brasileiras de 1945, não só pelo aumento populacional, como no que refletiam da expansão das forças produtivas do país. Entráramos finalmente na revolução industrial e no século XX, sem falar do XIX. . .

O nacionalismo que impôs aos poucos, encontrando enorme resistência ideológica do feudalismo tradicionalista (e também, diga-se, do capachismo de alguns pensadores eminentes), a legislação que levou à substituição das importações, que controlou o câmbio, que fez a Petrobrás, etc., tem um vasto crédito a seu favor, nesta fase histórica. Ajudou a criar a mentalidade do desenvolvimento, que foi a bandeira do governo Juscelino Kubitschek (1955-1960), bandeira nunca mais abandonada, não importa aonde sopra o vento, pelo motivo simples de que representa um dos raros consensos nacionais que não se ousa refutar.

Juscelino imprimiu dinheiro e tomou-o "adoidado" do estrangeiro, financiando uma expansão infra-estrutural nunca antes sonhada sequer no Brasil, e produziu uma diversificação capitalista de que o chamado "milagre" dos anos Delfim Neto é, em essência, um sedimento alargado em ambição e mais restritivo em concessões ao populismo; sem falar de "bobagens" como a exclusão da vontade popular e o debate de decisões, pelo voto e imprensa livres.

A tecnocracia propõe o crescimento econômico pela aplicação de métodos supostamente científicos, sem referência à História, ao que os homens são e se imaginam ser, ao que fazem ou pensam estar fazendo, à sociedade civil, em suma. É filha dileta do Positivismo, que é a recíproca modernizada, em face do poderio crescente da ciência a partir do século XVII, do autoritarismo feudal e do absolutismo. Nunca é demais repetir isso para entendermos nossa história recente.

Juscelino foi o príncipe dos tecnocratas, mas tinha de se ater às regras da democracia que o elegeu, dependia do apoio do populismo e do voto deste, logo fez "concessões", de que Campos e Delfim se sentiram desobrigados na fase 1964-1974. Ainda assim não há tanta diferença estrutural entre os dois períodos. Juscelino enriqueceu os ricos, tomando-lhes um tributo modesto ao populismo, que se tornou dispensável durante os dez anos iniciais do golpe; Juscelino fortaleceu o poder autárquico, o Estado-empresário, que se multiplicou em siglas em todas as esquinas ou recantos distantes em que a presidência e outros governos atuaram. Campos e Delfim gostariam de ter interrompido essa marcha estatal, investindo o dinheiro que consumia e consome, na produtividade do mercado livre. Nada conseguiram porque a autarquia, assim como a política toda deles, estava sob proteção nacionalista militar. Juscelino nem tentou, aprisionado pelo contexto político de eleições e debate livres.

A velha estrutura não resistiu ilesa a essa ofensiva do capitalismo estatal e privado, mas sobreviveu, porque em verdade foi marginalizada de boa parte do processo de modernização. Juscelino terminou a ligação do país de norte a sul que, antes dele, era inferior, talvez, à do império de Ciro.[3] Desbravou terras virgens e investiu em fontes de energia, mas o modelo dele era também "concentrador", ainda que não se professasse tal coisa, ao contrário, fosse apresentado como democratizante, que elevaria o candango da pré-história à modernidade, 50 anos (450 seria o número mais próximo) em 5. Alguma mobilidade social houve, sem dúvida, e foi continuada durante o "milagre", ainda que, neste, não fosse proposta política.

O campo brasileiro contém regiões que geram riqueza em produtos de exportação, talvez maiores do que as há nos centros urbanos, mas permanece, de um modo geral, perdido no tempo, e disso temos as estatísticas do EMFA, que se fixam num clichê restritivo, o Nordeste, como se o interior de outros Estados fosse muito diferente. A massa migratória que entulha as grandes cidades fala mais claro do que relatórios.

Nosso capitalismo e modernização foram superpostos a uma estrutura que continua no passado, ainda que aqui e ali, à beira da estatal que simboliza um futurismo de realizações, e se consome no saque aos cofres públicos, ou na plantação que rende dólares, absorva um mínimo de miseráveis de uma terra desolada e desperdiçada.

O custo desse desenvolvimento teria de ser pago, de uma maneira ou de outra, não importa que pretensões ideológicas, pelo lombo surrado da maioria, enquanto que os proponentes das atuais "leis suntuárias"[4] e do capitalismo "selvagem" discutem entre si qual a melhor tática de avanço social, que só os abrange, em expansão, e uma classe média auxiliar, idem. O resto que se dane, e se dana.

Nunca foi dimensionada uma política de desenvolvimento, seja pela democracia eleitoral ou a ditadura. Tal como o Estado Novo, o golpe de 1964 se concentrou nas elites, punindo dissidentes e adversários, expandindo um pouco a base considerada necessária à credibilidade e autoconfiança do regime, e é só. Quando Getúlio Vargas criou o salário mínimo a imensa maioria dos brasileiros não era composta de trabalhadores, e, sim, de servos, inatingidos pela graça do poder federal. O Estado de 1964 acha perfeito estabelecer uma política nuclear, a longo prazo, a um custo que eliminaria de uma vez a falta de latrinas e a verminose no país. Todos lamentam o estado lamentável da maioria, mas ninguém assume a responsabilidade por ele e o que se propõe é uma extensão da autarquia ou a extinção desta, quando as forças do Estado ou do mercado livre cobririam do Oiapoque ao Chuí.

A idéia de que um centro de poder absoluto é a fonte e origem da felicidade, *lato sensu*, parece irremovível, em 1985, quando escrevo. Assume muitas formas, se apresenta como democracia absoluta, ditadura absoluta (do partido do proletariado ou do militar cesariano e nacionalista), da comunidade absoluta de base, etc.

NOTAS

[1] Lutero tirou essa idéia de santo Agostinho (e este de são Paulo), também reconhecido, claro, pela Igreja Católica, mas esta, a partir de santo Tomás de Aquino, estabeleceu uma complexa coexistência de predestinação e livre arbítrio, que dilui o sombrio pressuposto luterano, levado a extremos por Calvino.

[2] Nessa versão a Independência teria sido comprada de Pedro I por dois milhões de contos pela Inglaterra, e o oficial de marinha inglês, Thomas Cochrane, seria o "Vernon Walters" da época.

* Publicado no Brasil como *Lutando na Espanha*, Ed. Civilização Brasileira, Rio.

[3] Como descrito por Heródoto, em *Histórias*. Sob Ciro o correio funcionava de maneira inédita no Brasil até os anos 70.

[4] A primeira manifestação ideologicamente consciente do nacionalismo no século XIX.

VII. Uma Proposta Modesta

A oitava potência industrial do mundo resiste a idéias tão simples, como, por exemplo, que uma política de saúde deve começar ao nível social e econômico das comunidades a que atende, que um hospital moderno na selva, a esta reverte, e que só empreiteiros e governos, que dividem comissões do custo, saem lucrando. A primeira agricultura é a que gera a sobrevivência de quem a cultiva, que alimentado se fortalecerá, produzirá mais, um excedente, que é a raiz da expansão econômica e do que se chama vulgarmente civilização. Alfabetizar massas famintas que, por falta de proteínas, não podem reter e usar o que aprendem, só não é perda de tempo para os funcionários que vivem dos recursos públicos da repartição encarregada do assunto. Esses exemplos poderiam ser multiplicados *ad infinitum* e já produziram absurdos, como a Transamazônica e a Nuclebrás, os mais conspícuos, que clamam por talentos literários, que, uma vez acionados, deixariam no chinelo Franz Kafka.

Os decretos baixam sobre a nossa sociedade como os atos de Deus sobre o povo judaico, de quem a Contra-Reforma batoteou o Testamento, refinando-o num autoritarismo universal, que os positivistas modernizaram no dicionário científico. Essa é a história "filosófica" do Brasil, com adendos de ocasião como o stalinismo sempre latente, a ditadura militar, a ditadura eleitoral oligárquica, ou a democracia representativa em que o voto do "coronel" vale o de 600 trabalhadores paulistas.

Há muita safadeza, também, e é a explicação mais popular do que não dá certo. A corrupção pública é um tema tão obsessivo que se suspeita que os incorrompidos são aqueles que não conseguiram, por incompetência ou falta de oportunidade, se corromperem. Uma simplificação, sem dúvida, mas a experiência sugere que cobre uma parte da história. A algazarra anti-janguista se fixou muito na roubalheira do peleguismo populista. Em 1985, um balanço entre o assalto pré e pós-1964 faz de Jango um "Catão". É claro que a corrupção pública nunca foi medida de sucesso político ou econômico. Se fosse, os EUA estariam como o Brasil. "Temos o melhor congresso que o dinheiro pode comprar", notou Mark Twain, e o presidente Nixon, não houvesse um pudor pela imagem do país no mundo, teria sido processado pela apropriação indébita de fundos públicos. Entre outros.

A corrupção casa bem com o preconceito católico de que ganhar dinheiro é uma atividade intrinsecamente impura, e daí sua popularidade, o que não é uma apologia dos "maus costumes" e semvergonhice de políticos, apaniguados e sócios, mas, sim, o reconhecimento de que simplifica, reduz ao corriqueiro, o que tem causas mais profundas e duradouras. Salazar não batia carteiras, ou Stalin, ou Hitler, o que não os faz dignos de nossa admiração moral.

A chamada consciência nacional talvez venha a ser sacudida se aferirmos o que a evidência empírica nos apresenta. Isto é, se a analisarmos sem os pressupostos ideológicos de que há uma ciência de vida já toda revelada e abrangente, sobrenatural ou material, que serve de pau para toda obra.

Em 1959, num dos periódicos acessos de emoção, de *caritas*[1], típicos da formação católica, o poder público resolveu enfrentar o problema secular da seca no Nordeste. Nasceu a Sudene. Em 1969, fui editor de um caderno especial do *Correio da Manhã* que comemorava dez anos da instituição. Reuni um grupo de economistas competentes, a quem deixei claro que não queria, e nem era permissível naquele momento de furor ditatorial, que eles revivessem as diversas propostas de reforma agrária debatidas antes de 1964.

Começaram a me chegar os textos e que não faziam outra coisa exceto reclamar a "transformação das relações de propriedade" no Nordeste, em suma, a velha, a *caduca* fórmula de reforma agrária. Protestei. Os economistas me trouxeram relatórios da Sudene da época, da Junta Militar, entre Costa e Silva e Médici. É de onde tinham tirado a temática dos artigos.

Em 1985, vemos o relatório do EMFA em que a miséria do Nordeste é ressaltada, ainda que sem sugestões de reformá-la. De passagem, sem consulta, noto e aposto que a folha de pagamento e outras despesas da Sudene devem ter aumentado consideravelmente nesses 26 anos, sem que tenha cumprido o que se propunha. O modelo autárquico ficou assim exposto pela falcatrua que é, em objetivos expressos e nos cofres públicos.

Uma das poucas vezes que conversei com Jango sobre reforma agrária, ele me perguntou se eu conhecia a história dos Gracchi e no que deu a tentativa de reforma agrária deles em Roma. E acrescentou que no Brasil teria de correr sangue de uma maneira ou de outra, pró ou contra nossos Gracchi. É um Jango não muito conhecido esse, capaz de analogias históricas. Existia.

Talvez ele tivesse razão. E é fato que não há vontade política, *nunca houve,* em nossa história algo de semelhante às revoltas camponesas de Roma ou da Europa da Reforma e Contra-Reforma. As ligas camponesas de Julião, com todo o devido respeito, e as comunidades de base de Frei Leonardo Boff, entre outros exemplos, parecem vítimas da síndrome do padre Antônio Vieira, o falastronismo inconseqüente e o tumulto limitado. A única revolta séria, Canudos, talvez porque Antônio Conselheiro não houvesse lido Marx, tinha propósitos *explícitos* extremamente reacionários, ainda que não se lhe possa negar a grandeza da coragem e da tenacidade, que Euclides da Cunha converteu num dos raros livros que nos habilitam aos rigorosos critérios de uma literatura universal.

Já que é doloroso ou inapetente à elite dirigente expropriar, prender e julgar esses latifundiários, por que não suborná-los com a perspectiva do lucro? É certo que há engenharia que irrigue e torne a terra tratável à produção de subsistência. Se não é utilizada pelo respeito religioso de ferir os direitos da propriedade privada, talvez seja o caso de se tentar persuadir os latifundiários que podem ser mais ricos e perdulários, se admitirem os modernos processos de cultivo, sem perderem um centímetro de terra. Custaria mais barato, provavelmente, do que manter o pessoal da Sudene. Teria resultados práticos mais satisfatórios à massa miserável do que o erguimento de novas autarquias faraônicas, e tão úteis, a prazo previsível, quanto as tumbas de faraós, ou do que a fúria impotente das esquerdas que se expressa no desejo de enforcar o último latifundiário nas tripas do último militar. Nunca vi nada disso sequer sugerido.

A aristocracia inglesa, no século XVIII, encurralou os camponeses nas terras que queria cultivar, porque potencialmente lucrativas, e expulsou o resto às cidades, onde o capitalista lhe comprou barato o trabalho, o que Marx descreveu em páginas candentes de indignação moral.[2] Essa violência, de um lado, assegurou a extraordinária eficiência da agricultura do país e garantiu a mão-de-obra ao arranque inicial da Revolução Industrial. É impossível apoiá-la, humanitariamente. Não se pode negar, na nossa crítica pessoal, dando graças aos céus que somos observadores e não partícipes, que esse tipo de trabalho tinha de ser feito, pelo desenvolvimento econômico inglês, e que certamente comprimiu, *abreviou*, o período de vigência da força bruta, enquanto que o nosso "deixa estar para ver como é que fica" resulta apenas na manutenção de um feudalismo defasado de qualquer conceito aceitável de civilização, é fonte de morte e agonia em vida de milhões, geração seguindo geração, e nossos críticos tradicionais do que há, se limitam a teorizar num vazio prático ou a imprecar em desabafo do próprio sentimento de culpa.

Não é minha intenção aqui propor soluções específicas para os problemas habituais do Brasil, que, de resto, podem até estar erradas nos casos referidos, já que não sou especialista nesses assuntos, mas sim de levantar a questão de que nosso atraso abrange e decorre das elites que se oferecem para resolvê-los.

As elites vivem entre si e só falam entre si. O pernosticismo de nossos políticos e acadêmicos sempre me espanta e choca, talvez porque eu viva no estrangeiro e tenha uma experiência razoável de sociedades mais evoluídas materialmente, e quando me dou de frente com gente que fala do presidente como "excelentíssimo senhor" sinto um repuxão a tempos que só conheço de livros, de Bizâncio à Revolução Francesa.

É o pregão medieval que me atinge o plexo solar, degradado e inconscientemente farsesco, e se perde no vazio da nossa sociedade, em que a humanidade atrofiada só encontra um coletivo que possa assimilar no futebol, no samba e no terreiro, este uma mistura de academia brasileira de letras e de igreja, em matéria de saber e conforto espiritual.

Nossas elites conhecidas estão mortas. Só não foram informadas disso e pensam que alguém lhes presta atenção. Ainda têm força de se manter em cima dos outros porque o medo do experimento social e o embotamento de energia que a miséria força sobre as massas se tornaram crônicos, de geração a geração; só o bandido de rua expressa o que desejariam fazer conosco, se pudessem e se soubessem como; esse bandido é como o canhão clássico solto num convés, rola sem direção certa: ainda assim aponta caminhos.

Em 1985, o regime de 1964 cedeu lugar à chamada nova república. O processo lembrou a transição da ditadura militar de Floriano Peixoto ao governo civil de Prudente de Moraes, em 1894. O exército não saiu de cena. Recolheu-se aos bastidores como um ponto de teatro, retendo o texto da peça nas mãos. Os atores não têm direitos assegurados de improvisar. Aspiram a isso e prometem novos textos, "a constituinte", "eleições diretas", etc. Veremos.

Na transição, os oligarcas civis se dividiram em facções – a variedade é o molho da vida – e entraram numa briga espúria sobre os méritos dos respectivos líderes, que, por ser espúria, substituiu substância pelo alarido raivoso, em busca de uma credibilidade de fachada. Antes, concentrações populares "exigiam" eleições diretas, ou seja, que o eleitorado escolhesse o presidente. Muito barulho para nada. Uma emenda, a "leizinha" requerida, morreu no Congresso, depois de emocionante discussão e um resultado bem próximo, mas insuficiente, do desejado pelos direteiros.

Veio um desses silêncios que fariam a alegria de Lewis Namier, o maior advogado de que forças inconscientes e inanalisáveis determinam tanto da História. Nenhum fogo visível por trás da fumaça das diretas já. Num país de 40% de desempregados (oficialmente, etc.) a revolta deve existir, mas não é *socialmente* coordenada. O desespero de uns dispara pelo revólver do bandido. A esperança de outros aparece nas esquinas, sexta-feira à meia-noite.

As oligarquias viram e ouviram o distúrbio distante e entraram em conchavo. Surgiu uma união de forças, híbrida em origem ideológica, o que tanto faz, porque todas, no fundo e na prática, partilham a mesma estufa, variando apenas a distribuição de calor, e foram tropeçando até a saída institucional pacífica, "alta", isto é, renegando de boca o regime de 1964, de boca prometendo democracia pura, correção dos costumes públicos avacalhados ao nível de orgias romanas de Hollywood, atenção (autárquica) aos humilhados e ofendidos. Tudo pelo povo, até para o povo, mas nada *do* povo. O figurino se adapta à moda do momento. Não muda de conteúdo ou de posição.

A nova república é uma troca de adjetivos, pela origem e forma. Quanto às intenções, são puras como a neve ao vento que, ao estacionar, em lama se transforma, mas não antecipemos. Nichola Chiaromonte notou que os homens entraram na guerra de 1914 acreditando na lógica das forças da História e dela saíram tendo redescoberto o Destino, uma idéia que se imaginava, falsamente, controlável e plasmável pelo nosso poder racional desde a Revolução Francesa. Nenhum dos estadistas, generais e *pensadores* da época tinha noção do que aquele massacre traria e nem sequer do próprio massacre.

É possível virar do avesso a conclusão de Chiaromonte sem cair no sentimentalismo baboso de que Deus é brasileiro ou no ufanismo estatístico dos generais.

O Brasil dos anos 50, com uma interrupção no período Jânio & Jango, criou a base infra-estrutural de produção em todos os setores. Simplificando em nomes, podemos dizer com certeza que Juscelino surpreendeu os céticos e conservadores do Brasil eternamente pastoril, mero exportador de matérias-primas e importador de manufaturados; Campos e Delfim levaram esse projeto, aos trancos e barrancos, a um redobrado desenvolvimento e integração na economia do capitalismo, ainda que tenha excluído *manu militari* a comissão do populismo, que Juscelino pagava em papel colorido e dando tapinhas nas costas dos líderes do movimento, o que os homens de 1964 converteram em cassetete, "telefone", "pau-de-arara" e choques elétricos. Houve reais mortos e feridos, o que não se pode atribuir ao fatalismo gerado pela indiferença das elites através dos séculos.

Não se contesta mais a existência do Brasil moderno. O discutido é a geografia, o que entrou e foi excluído, o que está organizado e o que se perdeu ao deus-dará de sempre, o que não saiu do imobilismo tradicional.

Quaisquer que sejam as nossas opiniões e desejos, de Juscelino a esses 20 anos, ficou claro que não estamos condenados à solidão e ao isolamento, que somos parte do mundo moderno, ainda que de leve, que só possamos, ou pudemos, enfiar um pouco do nosso organismo nessa corrente de modernidade, que a nossa saúde sofreu e sofre de infecções que vieram do nosso esforço pela sobrevivência.

Nenhum país cresceu sem pagar um preço humano alto. Não é consolo, talvez, para quem vive no presente, agoniza ou morre pelo descaso ou violência, saber que antes da Revolução Industrial esse era o destino quase que inescapável, não importa o poder que uns exerciam sobre os outros, o que Hobbes celebrizou, descrevendo o ser "solitário, pobre, sórdido, abrutalhado, finito". Nunca parece ter havido um dia de paz e sossego na vida dos patrícios romanos, e a Idade Média, rememorada saudosamente pela Igreja da Contra-Reforma, não sugere placidez e sabedoria acumulada, e, sim, uma crônica de pilhagem, luta permanente, epidemia de pestes variadas e incontroláveis, etc.

Quando o homem aprendeu a produzir sem ser pelo braço do escravo, pela máquina, quando aprendeu a armazenar recursos e utilizá-los em benefício próprio, quando aprendeu a viver da própria cabeça e da capacidade de organizá-la e às tribos que compõem a espécie, o sofrimento antigo não desapareceu num milagre de terreiro. Antes muito pelo contrário, a simples mudança de direção e objetivos se fez sobre o sangue humano "pingando da cabeça aos pés", fúrias instintivas se provaram, em muitos casos, indomáveis pela razão ou a disponibilidade de recursos materiais que as tornariam, na hipótese humanista, "desnecessárias". A vida é e sempre foi dura para a maioria.

O que se criou de concreto é a possibilidade material de que nossa passagem pelo mundo não fosse um horror inevitável assim aceito pelos mais fracos e imposto pelo mais forte. O homem podia enfim escolher alguma coisa, não era mais, necessariamente, prisioneiro de uma luta desigual contra a fúria da natureza e contra seus semelhantes, por recursos escassos.

O Brasil que não é o dos índios, que foram massacrados, marginalizados ou absorvidos por uma cultura estranha, que veio da Europa, do colonialismo político e espiritual de portugueses e da Igreja, reproduziu, à sua maneira, esse salto do reino da necessidade ao da liberdade. É um salto incompleto em qualquer parte do mundo, baseado que é numa concepção utópica e mecanicista de progresso, de evolução permanente, se preferirem, que não encontra respaldo sequer na observação científica mais avançada, que reduziu a pó de traque as certezas sobre as diversas formas de realidade que Marx e os iluministas davam de barato. Mas essa é outra história que não está nos objetivos deste livro.

Fomos colonizados pelo que havia de mais retrógrado na cultura européia e lhe entranhamos os hábitos e maneiras de pensar até meados do século XX. Simplesmente ignoramos, como sociedade, os impulsos industriais que se fizeram sentir no século XVIII, a prévia base científica que os promoveu no século anterior, e até hoje, em 1985, desconhecemos o que seja uma teoria e prática políticas geradas pelo liberalismo que pressupõe, no mínimo, o direito à escolha e à oportunidade. Democracia é novidade no Brasil, não só cronologicamente, porque nossos arremedos apareceram só em 1946-1950, como porque não deixaram lastro, exceto em aspirações.

O cesarismo *é nosso*, seja oligárquico civil, militar, militar-tecnocrático, ou, em hipótese, pelo partido revolucionário que se substituirá aos caboclos, até que estes aprendam a falar e a escrever como o general Golbery.

Toda essa gente, claro, não importa o jargão que prefira, e há bastante variedade no obscurantismo de nossas elites, é herdeira direta da mentalidade da Contra-Reforma e do Positivismo, que sincretizaram, adicionando esse ou aquele verniz ideológico "bossa nova".

Partilha o dogma que não é possível a um povo no estado de atraso do brasileiro, num mundo dividido em blocos de que os líderes e vários liderados se distanciaram tanto de nós na vanguarda, que nos seja factível alcançá-los sem um poder modernizador absoluto, a que as massas se submetam sem dar um pio, até que sejam criadas as bases materiais que permitam a democracia e a liberdade.

A única divergência real dessas elites é sobre a forma que esse poder deve assumir, se é do Estado-empresário, ou do Estado-militar-tecnocrático que financie o capital privado, ou do Estado Novíssimo, que seja pai, irmão, professor e médico do povo. Todos são nacionalistas, se definirmos esta palavra como o conceito de uma nação soberana e rica.

O fato é que *já existe* essa base material. Está sem dúvida onerada e presa a compromissos internos e externos que ameaçam a sua solvência e continuidade, mas o homem não se cria problemas que não possa resolver. O homem, às vezes, enfrenta problemas que não pode resolver, que independem dele, mas não os que ele próprio cria. Pouco podemos fazer, nada em verdade, para impedir que os EUA e a URSS se destruam nuclearmente e ao mundo.

Podemos pagar a nossa dívida externa ou resolvê-la de uma maneira ou de outra, em vez de criar a impressão de que os banqueiros nos enfiaram o dinheiro no bolso à nossa revelia, batedores-de-carteira em reverso, e depois nos enviaram a conta. Podemos deixar de atribuir à ganância das multinacionais o fato de que todo vintém arrecadado pelo governo no Brasil é gasto em folhas de funcionalismo público, ou na manutenção de estatais que nada produzem exceto déficits e empregos.

Podemos perguntar a quem não foi contemplado com a "sorte grande" das operações de empréstimos no exterior e mordomias federais, estaduais e municipais, o que acha disso tudo, já que paga as contas do que não auferiu, ou deixa de ter sequer a oportunidade de sobrevivência, porque marginalizado dos recursos disponíveis.

O processo de perguntar ao público é conhecido como democracia. Não seria fácil obter logo de saída uma resposta coerente e esclarecedora. Seria até difícil formular a pergunta em termos compreensíveis à maioria, dado o que sabemos do estado de educação e saúde do nosso povo.

Democracia germina a longo prazo e é capaz de desenvolvimentos tão inesperados pela sabedoria convencional como os da genética moderna, cuja solução de qualquer problema logo suscita legiões de novos fenômenos inexplicados.

Uma certa lógica elementar se impõe, apesar de tudo. O desenvolvimento no período Juscelino Kubitschek surpreendeu a críticos e admiradores, até estes, e como, pela estrutura social do país, deixou muita gente à margem do enriquecimento autárquico e particular, deu aos críticos o argumento de que foi montado na corrupção – pecados, na linguagem original – do poder público e grandes grupos financeiros.

Veio o homem da "vassoura". Ia varrer a corrupção. Em momento algum falou de devolver o país à idade média. Teve 48% dos votos, um recorde histórico. O eleitorado se sensibilizou à proposta de uma *ordem moral* no progresso pós-Kubitschek. Era tudo previsível, um tanto pueril até, à luz mais forte da História, mas prova de que o público é capaz de tomar decisões, se suficientemente informado. Em 1950, se propunha eleger ao Congresso a seleção brasileira de futebol, que perdeu o último jogo, a final, e o assunto foi esquecido. Nas eleições seguintes, aos poucos, desapareceram candidatos cuja única atração era serem celebridades. Só voltamos a esse estágio primitivo de oferta política em 1982, depois de 18 anos de obscurantismo ditatorial.

A ideologia nacionalista, seja de esquerda ou meramente exclusivista e protecionista, afirma que o Brasil não pode reviver no século XX o processo de desenvolvimento capitalista de outras nações ricas, em séculos passados.

Reviveu, claro, dos anos 50 a 1974, ainda que à custa de dinheiro emprestado ou inflacionário, e com o Estado no papel de criar a infra-estrutura necessária, um Estado que dispensou, parte do período, qualquer consulta ao povo e a pretensão de que iria distribuir-lhe dividendos. Foi a nossa revolução industrial.

Essa infra-estrutura não parou de se expandir até que as contas do óleo e do capital estrangeiro emprestado se tornaram tão altas que liquidaram os índices de crescimento, de 10% em 1969, a zero em 1980, ou pior, daí em diante.

As decisões de quadruplicar o preço do óleo e da alta de juros foram tomadas no estrangeiro. É uma história cheia de complicações políticas e econômicas, mas fortaleceu a mística simples do nacionalismo caboclo sobre a resistência imperialista ao nosso desenvolvimento. É omitida nessa relação de causa e efeito que o nível de consumo e custo de vida sofreram efeitos altamente negativos nos países líderes e aceleraram a inflação, e que a alta de juros, nestes países, teve como causa primeira e decisiva impedir que o consumo continuasse sendo financiado inflacionariamente. Os EUA viveram em recessão de 1974 a 1983. As políticas de contenção inflacionária elevaram o desemprego nos países ricos do Atlântico a 40 milhões de pessoas, em 1974-1985, e as previsões de crescimento econômico dessa área sugerem, quando muito, um empate entre receita e despesa.

As decisões de como enfrentar essa crise, no Brasil, não foram tomadas pelo FMI, em Washington, ou banqueiros em Nova York.

A história é conhecida. Primeiro, a negativa de que existisse algo de novo no horizonte. O Brasil seria uma ilha de tranqüilidade, etc. Depois, no caso do óleo, a tentativa grotesca de obter tratamento especial dos EUA, uma espécie de Caramuru às avessas, que até hoje, à simples menção, provoca risos nas chancelarias. Depois, dada a ausência de uma auditoria política, ou até jornalística já que vivíamos sob censura, um salve-se-quem-puder, recheado de intenções grandiosas, enrolado na bandeira nacional, o palavrório auto-suficiente em verbosidade do vieirismo, agora sem a caraga padresca, mas revelando, como de costume, a velha mentalidade do saque.

A dívida externa brasileira cresceu pré-OPEP, no governo Médici, de 12 bilhões de dólares a 40 bilhões, sob Geisel, até o governo Figueiredo, iniciado em 1979. Os investimentos públicos não se abateram um tico, ao contrário, ganharam uma dimensão "piramidal" no governo Geisel, novas repartições brotando aqui e ali para esse ou aquele propósito infra-estrutural, alguns traindo uma megalomania tecnológica do tipo Nuclepe, que iria construir equipamento nuclear, quando, em realidade, até projetos úteis, Itaipu é um exemplo, não requeriam o ritmo a toque-de-caixa com que foram para a frente, e a maioria construiu apenas suntuosas folhas de pagamento e contas de despesas de apaniguados políticos e de coronéis que não chegam a general, a generais que acham pouco o soldo integral da reforma na nossa vida cara, e aceitam, patrioticamente, servir ao país mais alguns anos, a peso de ouro, tudo feito sob a bandeira nacionalista.

É um período ainda menos estudado do que a maioria porque, censura à parte, o pau cantava grosso contra dissidentes. Conspirações subversivas eram descobertas em cada esquina. Fica a suspeita que fossem exageradas, ou, o que merece investigação, financiadas pelos empreiteiros e outros sócios civis do governo militar, porque justificavam a imposição geral de uma cortina de ferro às atividades federais. Nenhum traço deixaram. O Brasil teria inovado em produzir revolucionários sem história.

É verdade que foi o próprio general Geisel que deu fim à tortura institucionalizada no país em 1968, ao desmontar, em 1976, os principais centros na aeronáutica e no exército (este em São Paulo), mas, como dizem, a luz, antes de apagar de vez, brilha mais intensamente.

Um levantamento desses investimentos públicos no período, o que deixaram em rombos, como despesa permanente de pessoal, o que contribuíram aos déficits externos e internos, etc., seria trabalho mais útil à democracia brasileira do que procurar mostras da intervenção dos EUA em nossos assuntos. O assunto deverá permanecer abafado. Mexe com gente que tem não só poder normal, como de fogo, um desábito absoluto à crítica e, com ou sem democracia, na nova ou velha república, em qualquer regime ou sistema, tem uma tradição de tomar impunemente a lei nas próprias mãos no Brasil. Ai do silvícola que proteste.

Jimmy Carter quis torpedear a Nuclebrás, porque era contra a chamada proliferação nuclear e suspeitava que nossos generais querem a "bomba" (para que, nunca é explicado, já que a dita cuja depende de mísseis, cujo fabrico exige uma tecnologia e uma capacidade de investimento que só os EUA e a URSS têm, no nível que conta). Nada posso declarar sobre esse episódio, que me parece ter tido o efeito, que já nem sei mais se salutar, de fazer nossos militares prestarem menos atenção ao Pentágono. Minha dúvida é porque a essa altura dos acontecimentos é uma boa pergunta se não eram preferíveis os generais da ESG, devotados ao positivismo capitalista, fascinados pelo poder de geração de riquezas e de empregos da empresa particular e contrários, filosoficamente, ao menos, à intervenção direta do Estado na economia, que, em pentagonês, é um passo na direção do comunismo; o que pode ser besteira, mas, no caso da Nuclebrás, nos economizaria bilhões e bilhões de dólares.

Jimmy Carter também se manifestou contra a tortura e o veto ditatorial a eleições, exceto, por motivos estratégicos, em países como o Irã do Xá e a Coréia do Sul. Foi o Congresso dos EUA que aprovou lei, *pré-Carter,* exigindo esse tipo de atitude de Washington com países a que auxilia. Carter, *executivo das leis,* emitiu, pelo Departamento de Estado, a crítica. Levou a fama ou a culpa, dependendo de quem a interprete. As esquerdas brasileiras aplaudiram Carter, esquecidas, momentaneamente, que representava "o inimigo". Se estivessem no poder, repetindo o comportamento que demonstraram em tantos países, teriam imitado nossos militares no protesto contra essa "interferência indébita em nossos assuntos internos".

A rede de trambicagem empresarial, que começou a desfiar no governo Figueiredo e se espraiou à nova república, foi reforçada e estendida nesse longo período de autoritarismo, impunidade e censura que vai do Ato Institucional nº 5, em 1968, a meados do governo Figueiredo, iniciado em 1979. É como tantos "ciclos" na nossa história econômica. Enquanto deu, meteram a mão. À parte cobiça e safadeza puras e simples, que são universais, trai velhos hábitos feudais, a convicção de que no Brasil nada é para valer, que o distinto público é uma massa inerme e inerte, e que quem dorme no ponto é chofer, e que no nosso país a cadeia é virgem de ricos e poderosos.

O progresso sob Juscelino, Campos e Delfim (até 1974) já tinha entrado em entropia no governo Figueiredo. Como este deu uma anistia geral e, apesar de alguns recuos táticos, ditados pelo terrorismo militar, reabriu o debate político, passou a ser o bode expiatório do que veio antes, ainda que mais em comentário particular do que público, e, quase sempre, indiretamente, isto é, os ataques foram feitos a ministros, Delfim e Cia., ou, na eleição indireta de 1985, ao candidato oficial do governo à sucessão, Paulo Salim Maluf, a quem atribuíram malefícios que sugerem a reencarnação de Átila, o huno. São simplificações emocionais e imaturas. Não há cartórios suficientes que cubram a responsabilidade histórica de nossas elites.

O governo Geisel ignorou a recessão mundial que o aumento do preço do óleo em 1973 *esclareceu* para todo o mundo, sim, porque já tinha ficado clara em 1971, quando o governo Nixon terminou a conversão do dólar em ouro, derrubando o pilar monetário de Bretton Woods. Em 1979, novo salto do óleo fez o Banco Central dos EUA impor, pelo controle (aumento) de juros, um aguçamento de restrições a investimentos que levou países que viviam de crédito bancário à beira da insolvência técnica.

No que nos interessa aqui é preciso ressaltar que, em 1974, um controle de gastos públicos, uma reorganização da economia em termos mais modestos, ou menos imodestos, teriam evitado os choques de 1982. O uso elementar de uma tabuada confirma esta afirmação, desde que se some e subtraia os números disponíveis.

Não é a crítica mais freqüente, para dizer o mínimo. Defensores da iniciativa privada combatem a intervenção crescente do Estado na economia, o que é perfeitamente legítimo, em tese, se não tivesse sido acompanhada de um acesso comparável aos cofres públicos de grandes grupos privados, alguns dos quais estouraram, tamanha a extensão do saque, quando o governo deixou de apoiá-los, em face de uma mudança de regime, cobrindo os próprios flancos.

A irresponsabilidade teve duas cabeças e quatro mãos, competindo no assalto, ainda que seja claro que a empresa particular, sem esse tipo de desvio e deformação, *tem de se provar contabilmente*, não importa o custo infra-estrutural, pelo que produz e por quanto se remunera, pois, se fracassa, fale, enquanto que a autarquia, no Brasil, recorre ao tesouro e pode sobreviver em déficit permanente, encoberta pelos *slogans* do nacionalismo. Ninguém concebe a Volkswagen, por exemplo, sem produzir e vender veículos, um serviço e um conforto que se podem computar. É perfeitamente concebível a Petrobrás sem extrair óleo que cubra o nosso consumo, fazendo operações em dólares, que incham a dívida externa, se expandindo em "n" subsidiárias, cobrindo uma vasta e rica folha de pagamento, etc. Não se sabe sequer quanto paga pelo barril de óleo que importa. A informação é tida como "afeta à segurança nacional". Cobra imposto sobre todo o consumo e domina todo o setor, internamente. O povo paga em silêncio por esse sugestivo silêncio.

Os defensores da intervenção estatal querem aumentá-la, o que já conseguiram, no papel, ao menos, quando escrevo, na nova república, em novos ministérios, legislação, "reserva de mercado" para a nossa inexistente tecnologia de informática, e o que mais der sopa, o que é qualquer osso em que vejam um fiapo de carne. Seria dignificar o que tentam fazer pelo nome de comunismo. Os comunistas certamente os apóiam e participam do coro, mas a força principal é, economicamente, o empreguismo, pessoal e utilizável em política de clientela, municipal, estadual e federal. A idéia de uma nivelação por baixo, implícita no socialismo de um país que não atingiu a maturidade capitalista, não lhes passa pela cabeça.

É uma *nouvelle canaille,* um exército de descendentes espirituais de José Linhares, que alarga a base eleitoral do sistema oligárquico e cujo objetivo, consciente ou inconsciente, provavelmente uma mistura das duas coisas, é impedir que a democracia seja expandida no país. Essa gente tem medo de povo, que este se deixe deslumbrar pela mística da "sociedade de consumo" que os EUA trouxeram ao Brasil, em verdade já o considera deslumbrado pelo que vê na televisão, e para o bem dele próprio quer protegê-lo dessa forma de colonização cultural e econômica; e se acha no direito de assumir o poder com essa missão piedosa e heróica. As vantagens pessoais da prática desse nacionalismo são consideradas incidentais e irrelevantes. É um posto de sacrifício.

O nacionalismo emocional e em causa própria, pessoal e antidemocrático, ganhou força tão grande que só a realidade econômica pode criar as condições de uma volta à razão e o início de práticas democráticas. Francamente, duvido que isso aconteça. A capacidade de sobrevivência de elites com o velho espírito autoritário e autárquico, o que inclui o recrutamento limitado e criterioso de novos escalões médios, cujo devotamento à ascensão social é igualado ao zelo propagandístico do *status quo*, mascarando-o de nacionalismo, antiimperialismo, ou socialismo, não podem ser superestimados. Representam a maior força política do país.

A idéia de que, se não temos isso e aquilo, o governo pode prover, é atraente a mentalidades incultas, que desconhecem como a civilização moderna e a riqueza das nações foram criadas. Estas se caracterizaram por uma competitividade extremada em todos os setores, pela coragem de enfrentar riscos e fazer sacrifícios em troca de recompensa incerta. São atitudes abominadas pelo grupalismo bommocista, o horror à crítica pública e, claro, o conformismo, o derrotismo e o senso de inferioridade que permeiam a nossa cultura. O ideal pátrio dominante é cada um no seu lugar *garantido*, submisso à autoridade, livre dos horrores e inseguranças do individualismo. Somos fiéis à nossa origem.

Por trás dessa fachada medieval, que resistiu aos ataques de modernidade dos governos Kubitschek aos primeiros dez anos do golpe de 1964, há, claro, sentimentos anárquicos e apetites que só o medo de punição contém, mas não passam da vadiagem do menino do colégio de padres quando não há batina à vista, ou bagunça na senzala, enquanto o feitor está fora, e a ordem se restabelece à primeira ameaça da ordem superior. O humor popular, como notei antes, permanece a única nota discordante de inconformismo na nossa cultura. O apelo ao grupal, ao consensual, ao "deixa disso" em caso de conflito, é a norma.

Em conseqüência estamos mal no mundo de hoje, em que a ordem econômica é mais e mais determinada pela revolução tecnológica, ou seja, em que o sucesso é determinado pela velocidade de adaptação ao novo e ao variável; e é um mundo em que não há mais refúgios nacionais, em que o foguete é a mais próxima forma de transporte, em que as comunicações são instantâneas e que também servem para transferir o capital disponível a centros em que possa render o máximo, livre de governos que mantêm sociedades inecomômicas e superpopuladas, sem a mobilidade que os meios de produção exigem.

É até discutível se o conceito de nação na Europa do século XIX é aplicável hoje em dia a qualquer país, dado o grau de interpenetração econômica. No centro de compensação (*clearing house*) em Nova York passam pelos bancos lá reunidos cerca de 500 bilhões de dólares, *rotineiramente,* ao dia. Esse dinheiro não vai para países analfabetos de informática que, por decreto, se decretam dono desta. Não vai porque não há lucro possível em investimento formado pela estultice aliada à arrogância. O Brasil é o país em que se criou por decreto o financiamento de uma indústria de cinema quando este passava a ser apêndice da televisão. Continuamos discutindo Newton no século de Voltaire e há esperanças de um 1789 no ano 2000.

As elites dirigentes e séquito eleitoral de classe média se horrorizariam se alguém lhes sugerisse que seguissem o exemplo da Inglaterra, que, de 1947 a 1958, apesar de vitoriosa numa guerra mundial, se submeteu a um rigoroso programa de racionamento que lhe permitiu acumular capital e reservas que possibilitassem o ingresso do país na modernidade, quando era óbvio que perderia seu império. O simples fato – incontestável – que a equipe do amaldiçoado Delfim diminuiu o déficit no setor público, em 1982, de 8% do PIB, em 50% em 1984, e reduziu pela metade o déficit no balanço de pagamentos, também *em 2 anos*, não é motivo de elogios, ao contrário, é mais um prego no caixão de "entreguismo" em que confinaram o ex-ministro. A maioria das pessoas nem sabe do que se trata, o que é, claro, uma das razões da ascensão da autarquia, mas quase todo mundo que sabe, se cala, intimidado pelo consenso nacionalista. Isso é grave. Talvez seja desesperador.

A idéia de que precisamos conter nossas despesas para que a inflação se abata a ponto de que se possa produzir pisando no solo e não em pilhas escorregadias, cada vez maiores, de papel sem valor, é mais ou menos aceita pela minoria ínfima que sabe o que é inflação.

A discórdia explode, literalmente, quando se sugere o que conter. Os nacionalistas gostariam de encampar as multinacionais, ou melhor, na engenhosa lei do deputado José Sarney Filho, aprovada quando escrevo, que elas continuassem financiando com moedas fortes a nossa economia, mas que esta fosse controlada por brasileiros. O deputado fez isso em relação ao que é descrito como a indústria cinematográfica em todos os seus setores. Vá lá que seja um negócio sem muito futuro no mundo, falido praticamente em "todos os setores" no Brasil. Não importa. A idéia é de uma singeleza única, só comparável à do maná que Jeová fez descer aos hebreus. Os gringos nos financiam e trabalham, nós lucramos. É extraordinário. É lei. Baixou como tablete no Monte Sinai. Sabemos que outros virão. Conhecemos a história.

Outros sugerem que os salários não sejam corrigidos nem proximamente ao aumento dos preços. O povo sofrerá horrivelmente, respondem os nacionalistas populistas. Que povo? Há 40% de desempregados, em parte, talvez, porque não haja quantidade e diversificação de recursos que possam absorvê-los, isto é, os não congenitamente deficientes, apenas 53% da juventude de menos de 19 anos, segundo o relatório do EMFA, o que não inclui 20 milhões de analfabetos, cujo mercado de trabalho é reduzidíssimo, obviamente. E só temos 48 milhões de pessoas economicamente ativas, das quais 31 milhões ganham menos do que o salário mínimo.

A questão naturalmente é saber se essa massa miserável vive pior sendo "corrigida" (e como se corrige o ganho dos 31 milhões abaixo do salário mínimo? Que lei, ou "regulamento", determina quanto?), porque isso é uma forma de contestação do populismo elitista ao FMI ou ao vilão da moda, ou se a inflação, reduzida em 50%, digamos, não traria maiores investimentos e mais empregos, melhor pagos.

É certo que importamos inflação, isto é, pagamos o preço da constante desvalorização do cruzeiro no aumento de preços do que é essencial importarmos. Vamos admitir, por hipótese, que essa desvalorização seja essencial para manter nosso saldo da balança comercial, com que pagamos nossa permanência no sistema econômico a que pertencemos por decisão das elites. Em conseqüência, os preços do importado têm também de subir, já que nos custa progressivamente mais caro. É necessário corrigir salários e cobrir essa elevação de preços das importações? Isso é feito, logo o impacto inflacionário é *duplo*. A importação é essencial, a correção salarial é uma exigência da política populista, que, sendo restrita, na prática, a 17 milhões de pessoas, é elitista.

Há outras possibilidades. Em duas prisões ouvi de oficiais nacionalistas que quando chegassem ao poder cortariam o saco de alguns milionários que conheciam (de que devem ter lido a respeito em alguma coluna social). Há 38 mil milionários no Brasil, segundo Delfim Neto. A mim me parece certo, e os precedentes me confirmam que esses oficiais, no poder, estabeleceriam uma superintendência de cortar sacos, SUCOS, já tenho até a sigla, que, em pouco tempo, pelo emprego dado a colegas, parentes, amigos, parentes de colegas, amigos de parentes, etc., custaria mais caro do que esses milionários, individualmente, nos custam ao lesar o imposto de renda.

O Brasil surpreenderia Nichola Chiaromonte porque nunca pressupôs ter uma história e não se admite colhido pelo destino. Isso não pode durar. A dança da morte de nossas elites um dia terá uma quarta-feira de cinzas.

Os EUA, nosso êmulo e ódio, nosso "médico e o monstro", precisou de uma guerra civil para se tornar nação. Isso foi há mais de 100 anos. Os dois únicos povos primitivos que evoluíram, ao menos como sociedades, no século XX, foram os soviéticos e os japoneses, e a simples menção do preço que pagaram em revolução, guerra e catástrofe nuclear, bastaria para jogar nossas elites em feriados de samba permanente, que tais realidades nem de brincadeira devem ser evocadas, já que Deus é brasileiro e não vai trazer sobre si próprio esses sofrimentos.

Somos, apesar disso, algo mais do que os grupamentos tribais que tipificam o terceiro mundo e que passam a maior parte da vida (curta, em geral) se matando uns aos outros, aqueles a quem os "males congênitos" não levam antes. Falamos todos a mesma língua, temos origem religiosa comum, toleramos tranqüilamente as outras, e as diferenças regionais não obliteram uma certa homogeneidade cultural. Somos uma nação, ou até duas, "Bélgica" e "Índia", se quiserem, mas esses nomes escolhidos, se servem como sinais da diferença social que separa as elites do resto, escondem semelhanças mais profundas, de ser humano a ser humano, do "bem" ao miserável, de que as elites não podem escapar para sempre nas fantasias que tentei analisar neste livro.

Democracia é uma palavra tão banalizada e vulgarizada que é preciso anunciar logo que não estou falando de voto, direto ou indireto, e, sim, de acesso social, do *direito* de acesso, do qual em toda nossa história as elites sempre tiveram um monopólio de mínima porosidade, o que talvez explique a paixão adesiva ao convencional dos poucos a conseguirem realizar a longa e perigosa viagem de baixo para cima.

"Modelos", "metas", "pólos", etc., na nossa história sempre foram teorizações superpostas a uma realidade e não decorrência desta, ou um cruzamento – não vou usar a palavra dialética – de idéias dos que pensam e daquilo que sentem os que não conseguem se articular sequer em palavras.

Marx pensou certo quando definiu ideologia como "falsa consciência", a racionalização do que desejamos, conscientes disso ou não. Os epígonos dele converteram o marxismo numa ideologia, que, no Brasil, é mais um brinquedo acadêmico, ou de botequim, ou comercial de autopromoção política, em que só o "efeito milagroso" é sugerido, sem determinar a causa. Os tecnocratas que gastam fortunas criando burocracias e monumentos ao futuro desse trabalho burocrático, também desviam a vista da humanidade, como esta é, em estado bruto, de indivíduo a indivíduo. O primeiro homem que encontrou uma linguagem que lhe permitisse se comunicar com seus semelhantes fez uma descoberta ainda inédita na relação de elites e massas no Brasil. A relação antiga (?) de senhor a escravo era mais real que a de governo a esses súditos em nossos dias.

Foi possível ligar um país de 8,5 milhões de quilômetros quadrados pelo avião e, hoje, em comunicações, mas é um tráfego de mão única, em que não há volta dos recipientes, até que um dia surgem à porta das elites, nem sempre na postura de humildade e prostração a que elas estão acostumadas.

Só um aferimento *empírico* do que há e é possível pode ser o caminho. Essa gente não tem a mais remota idéia do que seja nacionalismo, capitalismo, socialismo, etc. Sabe o que é comer e passar fome, mais esta do que aquele, o que é saúde e doença, o que é morte, e, num estágio primitivo, o que é vida. Se for fornecido aos sobreviventes *possíveis* um mínimo de facilidades, a seu nível, e não no *ideal*, seja o que for, se houver preocupação com o material acessível, deixando de lado a alma deles e o potencial social revolucionário do "camponês", eles reagirão à altura bem baixa que seja, mas de subsistência, a menos que a teoria da evolução não passe de um lamentável equívoco.

Como organizar esse tipo de programa, preferivelmente até sem este rótulo, já que rótulos atraem a burocracia como o mel a mosca, é questão tão importante quanto levar a tecnologia ao campo para que este possa cumprir a promessa fuleira de Pero Vaz de Caminha.

Há, claro, o obstáculo político do latifundiário. Já que não se ousa prendê-lo, ou obrigá-lo a usar produtivamente a terra, pode-se suborná-lo. O suborno é uma linguagem de grande trânsito no país, tanto quanto o português, e é mais direta e compreensível. Pode-se chamar o suborno de crédito à agricultura de subsistência, satisfazendo outra paixão nossa, a do eufemismo.

Nas sociedades sem revoluções enriquecer os ricos sempre foi a proposta que deu melhores resultados. O egoísmo pessoal é insaciável. Solto, "desinibido", quer mais e mais, avança e se diversifica onde puder. Muda o meio ambiente à sua imagem. Carrega consigo legiões de menos motivados. Num país rico não passamos do palácio ao casebre. Vemos no interior, na escala possível, a reprodução desse processo urbano, metropolitano, da criação e do espargimento de riquezas. Os abusos são vários, o excesso de poder dos líderes, a descarga venenosa do lixo, do que não é utilizável ou rentável, etc. Presume-se, apesar disso, que os trabalhadores dos ricos, participantes menores materiais dessa acumulação e manipulação dos recursos da natureza, já tenham armazenado proteínas o bastante que lhes permita pensar até onde querem ir, servir e tolerar. E reagem pelo voto. Não é outra a história das democracias capitalistas desenvolvidas. Nunca germinou no Brasil porque a idéia de usar a terra, o trabalho e a máquina da maneira mais eficiente e produtiva nos parece coisa do demônio individualista que leva à perdição das almas, na velha ideologia, ou, na nova, ao estupor da "sociedade de consumo".

É nesse limiar do velho, do provado e do já criticado em sociedades que nos deixaram na antiguidade, que nos encontramos no início de 1985, de volta à velha república, apelidada de nova.

Haverá um eleitorado para o experimento, o desenvolvimento de uma sociedade de múltipla escolha, uma sociedade de indivíduos que *testem* caminhos? Ou estaremos condenados ao de sempre, ao Estado-empresário, que se autoceva do trabalho do próximo, que protege, promove e se auto-restringe nas medidas da necessidade de manter uma clientela eleitoral? Está mais forte do que nunca, politicamente, e menos e menos tolerante do complemento particular, o dom "dos industriais do Banco do Brasil", que privatizam, pelo trambique, o dinheiro do público em tacadas curtas e gordas, sem entraves maiores, que lhes permitam fugir do país à menor suspeita policial.

Acredito que o eleitorado que derrubou o paternalismo autoritário de Getúlio, ao eleger Jânio Quadros com pluralidade única na história, foi o início da experiência democrática do Brasil, em que a maioria resolveu sair do riscado da tradição, do imobilismo convencional. Pagou caro. Todos pagamos. Caímos na anarquia dos desejos confundidos com a realidade, em 1961-64. Os autoritários atocharam os traseiros em cima de nós por 20 anos. *Q.E.D.* A muito custo, agora, nos permitem de novo respirar, mas não é da noite para o dia que nos livraremos do mau cheiro que deixaram.

Há novas gerações, vida nova. Enquanto há vida há esperança. Tento escrever esta frase sem amargura e ironia. Não é fácil. Caímos tão baixo que talvez nos ocorra que o próximo movimento possa ser para cima, se quisermos, se nos permitirem, esses sinhozinhos que trocam de roupa e mudam de fala, do uniforme ao terno, da ameaça à sedução, desde que mantenhamos uma respeitosa distância dos pináculos de que nos contemplam. São gente igual à gente, ainda que mais iguais do que a gente.

Quem pensa por si próprio e tem o dom da fala que se manifeste. Mais não me propus aqui e passo a palavra a quem quiser assumi-la. Enquanto for livre. . .

NOTAS

[1] Em *The Class Struggle in the Ancient Greek World* (Duckworth, Londres), Geoffrey de Ste. Croix faz uma análise meticulosa e espirituosa de como o conceito comunitário cristão foi aos poucos substituído, pela Igreja, por "caridade" dos ricos aos pobres, sem modificação da estrutura social.

[2] Isso para, em seguida, afirmar a inevitabilidade do acontecido, como preço do progresso e propor que era finito, também por motivos inevitáveis, se transformando em socialismo, etc. O moralista e o realista em Marx coexistem. No nosso debate popular só o moralista aparece.

Sobre o Autor

PAULO FRANCIS (Franz Paul Heilborn), carioca nascido em 1930, jornalista e escritor, é correspondente da *Folha de São Paulo* nos Estados Unidos desde 1975 e comentarista internacional da Rede Globo de Televisão desde 1981.

Autor de dois romances, *Cabeça de papel* e *Cabeça de negro*, de duas novelas reunidas no volume *Filhas do segundo sexo*, de um livro de memórias, *O afeto que se encerra*, além de vários volumes de ensaios: *Opinião pessoal*, *Certezas da dúvida*, *Nixon e McGovern: as duas Américas*, *O melhor de Paulo Francis* e *Paulo Francis nu e cru*.

Nesta mesma coleção...

BRASIL OS ANOS DE AUTORITARISMO análise · balanço · perspectivas

O GRANDE SALTO PARA O CAOS

A Economia Política e a Política Econômica do Regime Autoritário

Maria da Conceição Tavares e J. Carlos de Assis

Uma crítica em profundidade do processo de internacionalização financeira da economia brasileira nos últimos 20 anos. Sob a ordem política autoritária, exacerbada com o AI-5, o crescimento econômico tornou-se a ideologia do Estado, enquanto milhões de brasileiros eram segregados pelos mecanismos de concentração de renda dos frutos do desenvolvimento – porém não de seus custos, repartidos solidariamente sob forma de encargos lançados também às gerações futuras. Como assinalam os autores:

"A essência da política econômica do regime autoritário, subordinada à concepção internacionalista da economia política global, fundou-se no pressuposto equivocado de que o sistema financeiro internacional funcionaria 'normalmente' como poço sem fundo de créditos, até o fim dos tempos. A arte dessa política resumira-se a criar e expandir as condições de integração da economia brasileira no mercado de dinheiro 'barato', cujas forças naturais deveriam financiar o desenvolvimento nacional. Em vez disso, o que se verificou foi a perda completa de autonomia da política econômica e a dolarização do sistema financeiro privado e do sistema de empresas públicas, que terminaram por conduzir o país ao atual encilhamento financeiro, externo e interno."